I0839832

Philipp Müller

Ein Israel

Warum die Zwei-Staaten-„Lösung" keine Lösung ist

Bibliografische Information
der Deutschen Nationalbibliothek:
Die Deutsche Nationalbibliothek
verzeichnet diese Publikation in der
Deutschen Nationalbibliografie,
detailliertere bibliografische
Daten sind im Internet über
http://www.dnb.de abrufbar.

Herstellung und Verlag:
BoD – Books on Demand, Norderstedt

ISBN: 9783744838450

EIN ISRAEL

Warum die Zwei-Staaten-„Lösung" keine
Lösung ist.

Inhalt

Vorwort

Die Thematik des Konfliktes zwischen Israelis und Palästinensern, und damit verbundene Themen wie die Frage, ob es legal ist, das Territorium eines anderen Staates zu besetzen, wenn man in der Verteidigungsposition ist, oder die Thematik, wie man mit Terror umgeht, beschäftigen die ganze westliche Welt und insbesondere Deutschland seit langem.

Allgemein wird die 1947 von der UN beschlossene Zwei-Staaten-Lösung als einziger Weg zum Frieden gesehen. Doch diese Lösung weist viele Probleme auf, beeinflusst durch unschöne Dinge wie Korruption, Antisemitismus und Terrorismus. Außerdem ist diese Lösung nicht mehr aktuell, und mit der Zunahme des Antisemitismus in unserer Gesellschaft, auf den ich mit diesem Buch ebenfalls aufmerksam machen möchte, wird diese oft falsch verstanden.

Außerdem möchte ich mich dem Thema der medialen Darstellung Israels vor allem in Deutschland zuwenden, da es auch hier einige Probleme gibt.

Gleichzeitig zu meinen Überlegungen möchte ich Ihnen informierend und objektiv die Politik, Wirtschaft und Gesellschaft Israels ein Stück weit näher bringen.

1. Militante Palästinenser

Sicherlich fragen Sie sich, warum ich beim Titel des Buches „Lösung" in Anführungszeichen gesetzt habe. Das hat einen sehr einfachen Grund: Die Zwei-Staaten Lösung gibt es seit 1947, und sie ist nicht einmal ansatzweise umgesetzt. Allerdings sah der Plan vom Ansatz sehr gut und durchaus umsetzbar aus. Der ursprüngliche Plan sah vor, das britische Mandatsgebiet Palästina in einen etwas kleineren jüdischen und einen etwas größeren arabischen Staat aufzuteilen. Die jüdische Bevölkerung Palästinas akzeptierte den Plan und am 14. Mai 1948 wurde der Staat Israel durch David Ben Gurion gegründet, zunächst auf dem Gebiet des nach UN-Beschluss jüdischen Staates. Daraufhin erklärten der Irak, Syrien, Transjordanien, Ägypten, Saudi-Arabien und der Libanon Israel den Krieg. Als der Krieg 1949 endete, hatte Israel viele Gebiete erobert, und das Gebiet des arabischen Staats wurde von Transjordanien und Ägypten annektiert. Das war die erste antisemitische Aktion der arabischen Staaten gegen Israel, mit der Begründung, dass „jüdische Präsenz eine Provokation" wäre. 1967 folgte der von Israels arabischen Nachbarstaatern provozierte Sechstagekrieg, den Israel mit Leichtigkeit gewann und das Westjordanland, den Gazastreifen und die Golan-Höhen eroberte, die bis heute ein Teil Israels sind. Und ab da ging die ewige Israelkritik los. Die UN forderte Israel auf, die eroberten Gebiete, die heute von vielen „besetzt" genannt werden, zurückzugeben, die meisten anderen Länder auch.

Der Gazastreifen

Vor allem die Palästinenser protestieren sehr stark gegen die israelische Herrschaft. Hier kommen die sogenannten „Siedlungen" ins Spiel, so werden die Wohneinheiten in den neuen israelischen Gebieten genannt. Aber was genau wird unter „Siedlungen" verstanden? In den westlichen Medien wird es oft so dargestellt, als wenn Israel seine Bürger in das Westjordanland umsiedelt, um in diesem Gebiet seinen Einfluss zu stärken. Das ist aber nicht richtig. Die Wohneinheiten im Westjordanland entstehen oft aus Wohnungsmangel im israelischen Kernland, aber dazu später.
Im Gazastreifen wurden auch solche Wohneinheiten gebaut. Aufgrund internationaler Kritik und Protesten der Palästinenser räumte Israel 2005 die Siedlungen und das dort stationierte Militär. Das war eine sehr schlechte Entscheidung, so denkt auch Yoni Chetboun, ein Politiker der israelischen konservativen Partei Habait Hajehudi: „Der Abzug aus dem Gazastreifen war ein großer Fehler. Wir zahlen den Preis dafür mit jeder Rakete, die auf den Süden Israels abgeschossen wird." Dazu muss man sagen, dass Israel die gesamte Infrastruktur in Gaza errichtet und erneuert hat. Die Palästinenser setzten nach dem Weggang der Israelis deren Synagogen in Brand.
Im Jahr 2006 gewann die Hamas, eine islamistische Terrororganisation, bei den Parlamentswahlen in den palästinensischen Autonomiegebieten (das Westjordanland und der Gazastreifen) mit absoluter Mehrheit. Als aber Muhammar Abbas 2007 nächster „Präsident Palästinas" wurde, akzeptierte die Hamas das nicht, zog sich aus dem Westjordanland zurück und

regiert seitdem über den Gazastreifen. Der Gazastreifen alleine ist aber nicht, was die Hamas will. Die Hamas will Israel vernichten, wie es in ihrer Charta steht. Also baut die Hamas Raketen und bombardiert damit regelmäßig israelische Städte, Zivilisten. Viele Unterstützer der Palästinenser argumentieren damit, dass die Hamas nur eine kleine Gruppe sei und das die meisten Palästinenser Frieden wollen. Es stimmt schon, dass viele Palästinenser für den Frieden sind, aber nicht lange nicht alle. Weil, wenn das so wäre, würde die Hamas bei den Parlamentswahlen nicht die absolute Mehrheit bekommen. Der Frieden und die Freiheit war da, als die Palästinenser (die Palästinenser gibt es als Volk eigentlich nicht, wenn ich „Palästinenser" schreibe, meine ich „Araber") im demokratisch regierten Rechtsstaat Israel lebten. Der anerkannte Außenpolitikexperte Tim Marshall schreibt dazu: „Doch ob die Menschen, die dort (im Gazastreifen) lebten, viel durch den israelischen Weggang gewonnen haben, ist eine offene Frage." Vielmehr ist klar, was die Palästinenser in Gaza verloren haben: Die Meinungsfreiheit, da die Hamas jeden, der sich gegen sie stellt, erschießt. Die Bewegungsfreiheit, da sowohl die Israelis als auch die Ägypter aus verständlichen Gründen einen Zaun an der Grenze zum Gazastreifen gebaut haben. Und das wichtigste: die Palästinenser haben den Frieden verloren, da die Hamas systematisch den Krieg durch den Bau von Raketen vorantreibt, genau wie der IS und Al Kaida nennen sie es Dschihad. Was die Palästinenser gewonnen haben ist Unterdrückung, Krieg, und dass ihr Leben die ganze Zeit bedroht ist. Gut, und was haben die Palästinenser positives durch den israelischen Weggang gewonnen? Wenn Sie mich fragen, nichts. Und das zeigt, dass die echten Verbrecher nicht die Israelis sind, wie es oft behauptet wird, sondern die Hamas und deren Unterstützer.

Wissen Sie, was der größte Unterschied zwischen einer Regierung, die die Bewohner des Landes beschützt und einer terroristischen Tyrannei ist? Hier ist ein Beispiel: Eine Regierung, die die Menschen beschützt (Israel), gibt ihr Geld für Raketenabwehrsysteme aus, die Zivilisten beschützen sollen. Eine terroristische Regierung (Hamas) gibt ihr Geld für Raketen aus, die Zivilisten töten soll, und stationiert zudem Raketenabschussrampen auf Krankenhäusern, Kindergärten und ähnlichen Einrichtungen, um dann der Welt erzählen zu können, das Israel absichtlich Zivilisten tötet und damit gegen die Menschenrechte verstößt. Das zeigt, das Israel seine Bürger beschützt, während die Hamas seine eigenen Bürger im Stich lässt und das nur, damit in der ausländischen Presse ein negativer Artikel über den Feind geschrieben wird. Dabei hätte Gaza genug Geld, um sich Raketenabwehrsysteme zu kaufen, aber die Hamas möchte lieber Menschen, vor allem Juden, umbringen, anstatt Menschen zu beschützen. Wozu auch? Die meisten Palästinenser sind voll und ganz auf der Seite der Hamas und werden weiterhin mit Steinen werfen, Terroranschläge machen, genau wie vor zehn, 30, 50 Jahren, egal wie viele Menschen noch sterben müssen. Weiterhin leugnet die Hamas den Holocaust und denkt, dass alle Juden umgebracht werden müssen, genau wie Hitler, der den arabischen Terrorismus im übrigen unterstützte und finanzierte.

Der palästinensische Philosoph und Politiker Sari Nusseibeh, der ein Kritiker der Hamas ist, schreibt bezüglich der Gründungscharta der Hamas: „Es hört sich

so an als würde es (der Text der Gründungscharta) direkt aus dem „Stürmer" kommen." Es gibt tatsächlich einige Parallelen. So steht in der Gründungscharta zum Beispiel, dass ein richtiger Muslim Juden töten solle. Es kam vor kurzem zwar eine neue Charta heraus, allerdings hat diese denselben Informationsgehalt wie die alte, welche weiterhin gilt. Und dann fordern Leute wie der palästinensische Ökonom Omar Schaban: „Wenn die USA wirklich helfen wollen, müssen sie Druck auf Israel ausüben, um die Grenzübergänge zu öffnen." Das würde zur Folge haben, dass noch mehr Terroristen nach Tel-Aviv oder Jerusalem kommen und sich in die Luft sprengen, das ist nämlich das Ziel der Hamas.
Aber wer würde eine Organisation wie die Hamas finanzieren? Zum Beispiel die Regierung von Saudi-Arabien, von Syrien, vom Iran, alles Staaten, in den ebenfalls islamisch-extremistische Regierungen an der Macht sind. Außerdem kommen die Spenden auch von Geldquellen aus Europa und den USA: 2009 beispielsweise spendete Hillary Clinton 900 Millionen Dollar für den Wiederaufbau des Gazastreifens. Ein an sich gutes Ziel, doch den „Wiederaufbau" hat man der Hamas anvertraut. Das ist kein Einzelfall. Die USA spenden jährlich 300-400 Millionen Dollar an die Palästinenser, ein Großteil des Geldes geht nach Gaza. Das Problem dabei ist, dass davon sehr wenig bis gar nichts in den Wiederaufbau fließt, den Großteil bekommen die Führungskräfte der Hamas und die Waffenproduktion. Die USA und viele europäische Staaten vertrauen der Hamas und spenden ihr sogar Geld. Man sollte aber nicht vergessen, dass es sich hierbei um eine terroristische Organisation handelt.
Gut, die Hamas hat das Geld, aber wer würde ihnen die

Waffen verkaufen? Gaza ist durch Mauern sowohl von Ägypten als auch von Israel abgeschnitten. Deswegen haben die Terroristen ein Tunnelsystem mit mehr als 2000 Tunneln gegraben, deren Ausgänge in Ägypten beziehungsweise in Israel liegen. Die Tunnel nach Ägypten werden benutzt, um Waffen zu schmuggeln und die Tunnel nach Israel werden benutzt, um Anschläge zu verüben. Durch einen dieser Tunnel wurde auch 2006 der Soldat Gilad Shalit entführt, den Israel später gegen 1000 palästinensische Häftlinge austauschen musste.

Gaza hat durch den Krieg mit Israel seine eigene Wirtschaft zerstört: 92% der Exporte aus dem Gazastreifen gingen nach Israel, und nach der Unabhängigkeit des Gazastreifens waren die wirtschaftlichen Beziehungen zu Israel komplett ruiniert, mit entsprechenden Folgen für die Wirtschaft. Das Bruttosozialprodukt in Gaza betrug im Jahr 2000 etwa 2000 Dollar pro Kopf, heute sind es gerade noch 700 und die Stadt ist weitgehend zerstört.

Der Gazastreifen ist nur 40 Kilometer lang und 12 Kilometer breit, ist aber im Vergleich zum Westjordanland für Israel die größere Gefahr. Israels Militär ist sehr stark, Israel gibt 5,4% des Bruttoinlandsprodukts für das Militär aus, Israel hat eine der modernsten Armeen der Welt. Es würde nur wenige Stunden brauchen, um den Gazastreifen zu befreien. Warum tut Israel das nicht? Israel müsste sehr viel internationale Kritik ertragen (was es jetzt auch schon tut) und mit Sanktionen rechnen.

Aber dieses Problem der Terroristen im Gazastreifen kann man nicht so lassen, wie es ist. Es muss eine endgültige Lösung geben. Dabei ist interessant, dass die Unabhängigkeit des Gazastreifens im Prinzip die Zwei-

Staaten-Lösung im kleinen ist: Es gibt Israel und es gibt den faktisch unabhängigen palästinensischen Gazastreifen. Das Ergebnis sehen wir ja: Ein Terrorstaat wie der IS und hunderte tote Zivilisten.

Sie sehen, was für ein menschenverachtendes Terrorregime die Hamas errichtet hat. Daher denke ich, es wäre sinnvoll den Gazastreifen von Terroristen zu befreien. Dabei werden zwar Menschen sterben, aber es sind immer noch viel, viel weniger als wenn man alles so lässt, wie es jetzt ist. Denn pro Jahr sterben etwa 200 Menschen in diesem Konflikt. Außerdem denke ich, dass wenn man zwei Möglichkeiten hat, man die wählen sollte, bei der weniger Menschen sterben. Jedoch hat Israel keine Wahl. Israel muss eingreifen, und zwar so früh wie möglich, denn so kann das nicht weitergehen. Man sollte jedoch den Palästinensern in Gaza eine eingeschränkte Selbstkontrolle und Autonomie geben, damit es nicht wieder zu vergleichbaren Situationen kommt.

Das Westjordanland

Das Westjordanland ist da schon eine schwierigere Angelegenheit: Dort haben viele radikale Gruppierungen ihren Hauptsitz und einige Gebiete werden von den Palästinensern vollständig kontrolliert (vor allem um Hebron, Ramallah und Nablus), aber das meiste Land (vor allem im Osten und um Jerusalem) steht unter israelischer Kontrolle, da in der letzten Zeit viele israelische Dörfer (ich benutze das Wort „Siedlungen"

ganz bewusst nicht) gebaut wurden. Darüber hinaus wird
zurzeit an einer Mauer an der Grenze zum
Westjordanland gebaut, von der etwa 760 Kilometer
fertiggestellt sind. Die Mauer verläuft entlang der
gesamten Westgrenze des Westjordanlands und hat, wie
es der amerikanische Präsident Donald Trump formuliert,
„überaus erfolgreich Terroristen davon abgehalten, ins
Land zu kommen". Doch um zu verstehen, wie man eine
Lösung für das Problem Westjordanland finden kann,
muss man sich zunächst anschauen, welche
Gruppierungen es dort gibt.
Palästina wurde 1988 von der Palästinensischen
Befreiungsorganisation (PLO) ausgerufen. Was ist die
PLO? Die PLO kämpft angeblich für die Rechte des
palästinensischen Volkes. Die PLO ist bekannt für
Zahlreiche Terroranschläge und Flugzeugentführungen.
Die wohl bekannteste terroristische Aktion war die
Geiselnahme israelischer Sportler bei den Olympischen
Spielen im Sommer 1972 in München.
Doch um die Bestrebungen und Ziele der PLO zu
verstehen, sollten wir uns einmal ihre Gründungscharta
ansehen: Artikel 2 sagt aus, das Palästina „eine
untrennbare territoriale Einheit" sei, „innerhalb der
Grenzen, die es zur Zeit des britischen Mandats hatte".
Da Israel auf diesem Territorium existiert, kann man
daraus folgern, dass die PLO dazu aufruft, Israel zu
beseitigen. Noch deutlicher wird das in Artikel 9: „Der
bewaffnete Kampf ist der einzige Weg zur Befreiung
Palästinas." Die PLO bezeichnet den Zionismus als
„faschistisch". Das ist eine klare Form von israel-
beziehungsweise zionismusbezogenen Antisemitismus,
da Zionismus die Bewegung für die Gründung eines
jüdischen Nationalstaats war. Daraus kann man

schließen, dass die PLO eindeutig eine Terrororganisation ist. Nicht so schlimm wie die Hamas, aber trotzdem: Eine Terrororganisation. Übrigens laufen seit 2011 die Verhandlungen über den Beitritt der Hamas und des Islamischen Dschihads, einer weiteren palästinensischen Terrororganisation, zur PLO. Unterstützt wird das alles durch die ägyptische Regierung, die ebenfalls Israel nicht leiden kann.
Die PLO ist ein Zusammenschluss radikaler palästinensischer Parteien und Gruppierungen, die größte und einflussreichste ist die Partei von Muhammar Abbas: Die Fatah. Schon der Name, der auf Arabisch „Sieg" oder „Eroberung" bedeutet, deutet darauf hin, das diese Partei ganz und gar nicht „gemäßigt" oder „moderat" ist, wie es oft von der europäischen Presse behauptet wird. Die PLO wird von der Fatah dominiert. Die Ziele der PLO sind auch die Ziele der Fatah. Immerhin erkannte die Fatah im Laufe des Oslo-Friedensprozesses das Existenzrecht Israels an. Das ist aber nichts weiter als ein Satz ohne Aussagekraft. Die „Ausrottung des Zionismus" ist nämlich eines der Hauptziele der Fatah. Die Al-Aqsa, eine Teilorganisation der Fatah, verübte zahlreiche Anschläge und möchte wie der Iran „Israel von der Landkarte streichen". Im Februar 2017 wurde das Facebook-Konto der Fatah gesperrt. Auf der Facebook-Seite wird immer wieder zu Gewalt gegen israelische Juden aufgefordert, zum Beispiel gibt es einen Post, in dem Stolz berichtet wird, dass die Mitglieder der Fatah insgesamt 11000 Israelis getötet haben. Wie man sieht, ist die Fatah nicht viel besser als die Hamas. Der einzige Unterschied ist, das man mit der Fatah reden kann. Man sollte jedoch trotzdem nicht auf ein konstruktives Ergebnis hoffen, denn mit Unterstützern von Terrorismus

kann man nicht ernsthaft verhandeln. Ich denke, das waren genug Beispiele, um zu erkennen, dass man genau darauf achten sollte, wer mit wem vernetzt ist, und das sind fast alle Terrororganisationen im Westjordanland.
Außerdem waren die palästinensischen Terroristen mit der RAF, aber auch mit zahlreichen deutschen rechtextremistischen Gruppen verbunden. Unterstützt wurde das ganze übrigens durch die DDR-Stasi.
Und wer Finanziert die Fatah und ähnliche Organisationen? Zum Beispiel Staaten wie der Libanon und der Iran. Schockierend ist aber, dass auch Deutschland die Terroristen unterstützt. „Während es vor Ort an Mitteln für Bildung und Infrastruktur zu fehlt, unterstützen die palästinensischen Behörden großzügig Terroristen und deren Familien.", schreibt Rbb-Online. Es ist wirklich so, dass Deutschland den Palästinensern Geld für den Wiederaufbau spendet, dieses bekommen jedoch, wie bei der Hamas, die Terroristen. Auch die Steuern, die Sie zahlen, kommen somit bei den Terroristen an. Deutschland muss aufhören, einerseits von der Bekämpfung von Terror zu sprechen, aber andererseits Terrorismus zu finanzieren. Die deutsche Regierung ist mitschuldig an dem Tod hunderter Menschen. Außerdem wurden zahlreiche antisemitischen Organisationen schon von den Nazis unterstützt, und heute tut Deutschland das immer noch.
Die Grenze zum Westjordanland ist nur 15 Kilometer von Tel-Aviv entfernt. Das bedeutet, dass die militanten Palästinenser sehr einfach Israel in zwei Teile zertrennen können. Das ist eine Gefahr für die Existenz Israels. Deswegen muss Israel die Situation im Westjordanland unter Kontrolle halten. Das geht am einfachsten mit militärischen Stützpunkten und mit Mauern. Aber es geht

auch mit Bürgern des eigenen Staates: Diese werden von der antiisraelischen Presse „Siedler" genannt. Wie gesagt, die Regierung Israels schickt niemanden in das Westjordanland, wie es oft behauptet wird, und sie wirbt auch nicht dafür. Es sind israelische Bürger, die freiwillig in die neuen Gebiete gehen und ihren Wohnsitz dorthin verlegen. Die Armee nutzt diese Gegebenheit, indem sie ihre Stützpunkte in der Nähe dieser Dörfer baut. Und die Armee ist dazu berechtigt. Diese Gebiete wurden von Israel erobert und Israel darf auf seinem eigenem Gebiet bauen, was es möchte und das sollte eigentlich völlig uninteressant für die ausländische Presse sein. Israel ist keine Ausnahme. Israel darf mit den „besetzten" Gebieten machen, was es will.

Außerdem kann man keine Gebiete auf der Welt einrichten, die „judenfrei" sind. So etwas gab es zuletzt im sogenannten Dritten Reich. Niemand darf irgendeinem Volk vorschreiben, wo es leben oder nicht leben darf, selbiges gilt auch für die Juden. Die Palästinenser sollten dankbar sein, das Israel ihnen in einigen Gebiete Selbstverwaltung erlaubt hat, obwohl nahezu alle politischen Gruppierungen bei den Palästinensern (ich sage bewusst nicht „Parteien") Terrororganisationen sind. Immerhin schützt die Mauer vor Anschlägen in den Großstädten, jetzt sprengen sich die Terroristen an Grenzübergängen in die Luft, oder stechen mit Messern auf israelische Soldaten ein. Und die Familien der Terroristen sind sogar noch stolz, so sagt die Mutter eines palästinensischen Attentäters: „Mein Sohn ist ein Held, er macht mich stolz. Er starb als Märtyrer bei der Verteidigung Jerusalems und Al-Aksas. So Gott will wird die Jugend Palästinas seinem Weg folgen." Ich denke, das muss nicht kommentiert werden.

Vor kurzem gab es den üblichen Vorfall, dass zwei Palästinenser Soldaten mit Messer und Schusswaffe attackierten. Nachdem sie einen Soldaten verletzten, schossen die anderen Soldaten zurück und verletzten den Terroristen, sodass er am Boden lag. Daraufhin wurden Militärsanitäter gerufen (für den verletzten Soldaten natürlich, nicht für den Angreifer), unter ihnen Elor Azaria. Dieser tötete den Terroristen mit einem Kopfschuss. Das wurde in der westlichen Welt stark kritisiert, und der Soldat kam vor Gericht, wie ich vermute aufgrund internationaler Kritik an dem Soldaten. Dabei muss man sagen, dass das israelische Volk in Massen auf die Straße ging, um gegen eine Verurteilung Elor Azarias zu demonstrieren. Elor Azaria sei ein Held, sagten die Demonstranten. Ich denke nicht, dass er ein Held ist, aber wie die Demonstrierenden bin ich auch für einen Freispruch. Soldaten sind schließlich dazu dar, um Ordnung zu schaffen und die Sicherheit zu gewährleisten. Er hätte den Terroristen nicht töten sollen, aber das ist auch keine große Straftat, denn der Terrorist hat einen Soldaten schwer verletzt, mit dem Ziel, ihn zu töten, und stellte immer noch eine potentielle Bedrohung dar. Außerdem ist im Video, dass von einem Anwohner gedreht worden ist und als Beweismaterial gegen Elor Azaria verwendet wurde, nicht eindeutig erkennbar, was geschehen ist. Der Angreifer liegt auf der Straße, dann fährt vor ihm ein Krankenwagen lang. Nachdem dieser vorbeigefahren ist, blutet der Terrorist aus dem Kopf. Es ist also auf dem Video nicht erkennbar, ob der Angreifer sich zur Waffe bewegt hatte. Durch Elor Azaria gibt es einen Terroristen weniger auf der Welt, und dadurch gibt es eine geringere Gefahr für die Menschen in Israel. Die Medien behaupten, dass der Soldat rassistisch gegen

Palästinenser war. Und selbst wenn: Es ändert nichts an der Tatsache, das der getötete Mensch ein Terrorist war. Azaria wurde wegen Totschlags für eineinhalb Jahre Haft verurteilt. Wie der Knessetabgeordnete (israelischer Parlamentsabgeordneter) Oren Hazan es formulierte, der sich ebenfalls gegen das Urteil aussprach: „Es ist wichtig einem Soldaten zur Seite zu stehen. Elor ist unschuldig, jeder Terrorist muss sein Leben beenden." Außerdem versprach er, einen Gesetzentwurf vorzubereiten, der zur Freilassung Elor Azarias führen soll. Auch der Verteidigungsminister Israels Avigdor Liberman wies darauf hin, dass es sich auf einer Seite „um einen ausgezeichneten Soldaten" handele, „auf der anderen Seite um einen Terroristen, der gekommen war, um Juden zu töten. Dies sollte nicht vergessen werden."
Nachdem wir uns jetzt angesehen haben, welche Fälle der Alltag in Israel sind, sollten wir uns die Frage stellen, wie man das Problem des Westjordanlandes lösen könnte.
Das Westjordanland ist viel größer als der Gazastreifen, und dort leben demzufolge mehr Palästinenser. Und die werden dort weiterhin leben. Israel hat schon sehr viel getan, was die Lösung des Problems näher bringt. Es hat die Mauer, israelische Dörfer und Militärstützpunkte gebaut, um die Versorgung und Sicherheit nicht nur der Israelis, sondern auch der Palästinenser zu gewährleisten. Es hat den Palästinensern auch eingeschränkte Selbstverwaltung gegeben. Negativ ist jedoch anzumerken, dass Israel nicht genug gegen die islamistischen Terrororganisationen tut, die gegen den Frieden sind und sowohl den Israelis als auch den Palästinensern das Leben erschweren. Und das ein Großteil der Palästinenser diese unterstützt, ist keine

Entschuldigung dafür, dass diese Organisationen weiterhin existieren. Die israelische Regierung sollte diese Organisationen verbieten, solange diese Terroranschläge verüben und fanatisch davon träumen, Jerusalem zu erobern und alle Juden umzubringen. Das erinnert sehr stark an die Kreuzzüge, die Islamisten leben in ihrer Fantasie also immer noch im Mittelalter. Außerdem dürfen die Palästinenser keine uneingeschränkte Selbstverwaltung über das Westjordanland besitzen. Denn genau in den Gebieten, wo das der Fall ist, regieren Terroristen und werden Anschläge vorbereitet. Israel sollte also diese Gebiete wenigstens teilweise kontrollieren. Ich bin ein Freund des Friedens, deswegen denke ich, man sollte das tun, was schon jetzt in einigen Gebieten getan wird: Teilweise palästinensische Selbstverwaltung bei israelischer Militärhoheit. Man könnte denken, dass wenn man die Forderungen der Palästinenser umsetzten würde, diese vielleicht weniger radikal sein werden. Leider ist das nicht der Fall, wie wir am Beispiel des Gazastreifens sehen konnten. Die Israelis sind gegangen, und für den Terrorismus eröffneten sich ganz neue finanzielle und territoriale Möglichkeiten. Auch im Westjordanland wird es so sein, wenn die Israelis weggehen. Außerdem, es ist nicht möglich, die Forderungen der PLO, der Fatah und ähnlicher Organisationen umzusetzen, da diese das gesamte Territorium des früheren britischen Mandatsgebiets Palästina für sich beanspruchen, das heißt ganz Israel.

Zusammengefasst kann man zu Palästina sagen: Palästina ist ein nicht funktionierender und nur teilweise existenter Staat, der von Islamisten und Terroristen regiert wird, und das gilt sowohl für das von der Fatah regierte

Westjordanland, als auch für den von der Hamas regierten Gazastreifen.

Das israelische Kernland

Genug über Extremisten, Terroristen und Palästina. Ich werde Ihnen jetzt die Regierung und das politische System Israels vorstellen, damit Sie das mit den in den palästinensischen Gebieten regierenden Organisationen vergleichen können. Ich habe bereits erwähnt, dass Israel ein demokratischer Rechtsstaat ist. In der Tat, Israel ist eine parlamentarische Demokratie, vielleicht sogar die am besten funktionierende der Welt. Die derzeit regierende Partei ist die Likud, ein Zusammenschluss konservativer Parteien, deren Vorsitzender der Premier Israels Benjamin Netanjahu ist. Dieser hält an den Grundsätzen seiner Politik trotz internationaler Kritik fest. Er hat viel für sein Land getan, vor allem hat er die Gefahr von Terroranschlägen reduziert, zum Beispiel durch den Bau der Mauer, durch die Tötung von Anführern von Terroristen und durch die Einführung moderner Raketenabwehrsysteme. Unter seiner Regierung müssen sich die Israelis weniger Sorgen um ihr Leben machen.

Aber zurück zur israelischen Demokratie. In Israel hat jeder das Recht, eine Partei zu gründen. Es gibt ein sehr breites Parteienspektrum: Von der sozialistischen „Avoda" und der arabischen „Balad" bis zu der religiösen „Vereinigtes Torah-Judentum". Es gibt Menschen, die denken: „Es gibt in jedem Land und in jeder Religion Extremisten, also gibt es in Israel bestimmt jüdische Extremisten." Genau das ist ja der Fehler: In Israel gibt es Extremisten, aber die wurden oben schon erwähnt, und sind islamistisch. Es gab tatsächlich eine jüdische extremistische Partei in Israel, die Kach, die aber 1994 verboten wurde. Das zeigt, dass Israel entschlossen gegen Extremismus vorgeht und die Demokratie bewahrt. Heute gibt es jedenfalls keine extremistischen Organisationen in Israel und das macht Israel einzigartig. Fast alle anderen Staaten haben extremistische Gruppierungen: Die NPD in Deutschland, der Ku-Klux-Klan in den USA, der Rechte Sektor in der Ukraine, und ich könnte noch viele weitere Beispiele nennen.

Ich stelle ihnen jetzt einige israelische Parteien vor und fange mit der regierenden Partei in Israel an, der Likud.

Likud bedeutet auf Hebräisch Zusammenschluss, was darauf hindeutet, dass die Likud aus mehreren Parteien zusammengesetzt wurde. Das Parteiprogramm der Likud wird häufig als rechts bezeichnet. Das ist es auch, aber es ist noch lange nicht extrem. Die Likud möchte „die Einheit des jüdischen Volkes bewahren" und „die zionistische Erziehung vertiefen". Sehr richtig, denn wenn Israel als Staat existieren möchte, darf denn Bürgern der Staat nicht egal sein, und auch umgekehrt. Mit anderen Worten: Die Volk muss die Einheit bewahren und den Kinder muss beigebracht werden, dass anders Israel nicht existieren kann. Außerdem muss der Frieden gesichert werden: Die Likud setzt sich für „stabile und dauerhafe Friedensverträge und gute Nachbarschaftsbeziehungen zu den Palästinensern und allen arabischen Staaten" ein. Der Frieden ist schön, aber was wenn Krieg ist? Wenn die Hamas Israel mit Raketen abschießt, schickt die israelische Armee danach Kampfflugzeuge, um Stellungen der Terroristen zu bombardieren. Die Likud unterstützt das, und das ist auch richtig: Wer angreift, muss damit rechnen, das verteidigt wird. Auch der Bau der Mauer wird von der Likud vorangetrieben: Die Sicherheit muss eben an erster Stelle stehen.

Eine weitere etwas rechte Partei ist Habait Hajehudi, also Jüdische Heimat. Die Partei wird in den deutschen Medien oft als „ultrarechts" bezeichnet. Die Position dieser Partei ist, dass Israel nur überleben kann, wenn es keine Schwäche gegenüber den Palästinensern und den arabischen Nachbarn zeigt: Die Jüdische Heimat möchte die vollständige Gründung des palästinensischen Staates verhindern. Wenn wir uns an den Gazastreifen erinnern, ist das verständlich. Außerdem möchte die Partei 60% des Westjordanlands unter vollständige israelische Kontrolle bringen. Wie wir gesehen haben, ein Mittel, um Terroranschläge zu verhindern. Die dort lebenden Palästinenser sollen israelische Staatsbürger werden. Außerdem ist es ein Ziel der Partei, eine Trennzone zwischen dem Gazastreifen und Ägypten zu schaffen, um Waffenschmuggel zu verhindern. Wegen der Tunnel unter Gaza würde es erst einmal wenig bringen, aber es ist sicherlich ein Anfang. Die Partei beruft sich ähnlich wie die Likud auf die zionistische Ideologie des Landes, also darauf, dass Israel als die Heimat der Juden gedacht ist, wonach sich auch die Partei benannte. Gut, und was ist an den Zielen der Habait Hajehudi so „ultrarechts", wie das die Frankfurter Rundschau und auch andere Zeitungen behaupten? Ultrarechts ist, Juden töten zu wollen. Ultrarechts ist, alle Schwarze zu diskriminieren. Die NPD ist ultrarechts. Der Front National ist ultrarechts. Die Hamas ist ultrarechts. Aber Habait Hajehudi ist nicht ultrarechts. Menschen verteidigen und beschützen zu wollen, ist nicht ultrarechts, sondern ein Anzeichen dafür, dass das israelische Volk und der Staat dieser Partei wichtig sind.

Jetzt kommen wir zu einer linken Partei Israels, der Avoda (Arbeitspartei). Die Avoda möchte zwar, dass Israel existiert (was einige andere linke Parteien nicht möchten), aber ein Hauptziel der Partei ist die Räumung aller israelischen Dörfer im Westjordanland. Das heißt, die Avoda setzt sich für die Zwei-Staaten-Lösung ein und möchte der palästinensischen Selbstverwaltung das Westjordanland überlassen. Keine gute Idee. In dieser Frage erinnert diese Partei stark an die derzeitigen Regierungsparteien in vielen Staaten der EU, oder an die Demokratische Partei Amerikas. Während es sich aber die USA und die EU leisten können, linksliberal zu sein, kann Israel das nicht. Weiterhin fordert die Avoda gleiche Rechte für Araber. Merkwürdig daran ist nur, dass die Partei etwas fordert, das es schon gibt. Jedenfalls für alle Araber, die auf dem unter israelischer Kontrolle stehendem Territorium leben. Was für die Gebiete palästinensischer Selbstkontrolle gilt: Wenn die Araber es nicht schaffen, den eigenen Leuten Sicherheit, Wasserversorgung und Freiheit zu gewährleisten, ist das nicht das Problem Israels. Was man zur Avoda sagen kann: Gute Idee, aber zu wenig nachgedacht.

20% der Bevölkerung Israels sind Araber. Es ist logisch, dass diese auch einige Parteien haben müssten, die ihre Interessen vertreten. Die größte und bekannteste arabische Partei in Israel ist die Balad. Die Balad stellt die Interessen der arabischen Minderheit in Israel dar. Soweit alles gut, nur dass die Balad schon oft zu Gewalt gegen Israel aufgerufen hat, es gab auch schon Diskussionen zum Verbot dieser Partei. Der arabische Parlamentsabgeordnete Ahmed Tibi äußerte sich dazu: „Diese Faschisten und Rassisten wollen die Knesset und das Land Israel ohne Araber sehen." Das ist eindeutig eine extremistische Aussage. Ich bin ebenfalls der Meinung, diese Partei sollte verboten werden, weil jede Partei, die zu Gewalt aufruft verboten werden muss. Die Kach wurde schließlich auch verboten.

Nun noch ein Beispiel aus der letzten Parteiengruppe in Israel: Das Vereinigte Torah-Judentum, ein ultraorthodoxes religiöses Parteibündnis. Das Vereinigte Torah-Judentum besteht aus zwei Einzelparteien: Agudat Israel und Degel Hatorah (Das Banner der Torah). Degel Hatorah vertritt die Interessen der ultraorthodoxen Juden. Die Partei wird von einem Rabbiner geleitet und hat, soweit ich weiß, nicht wirklich eine politische Ausrichtung (außer vielleicht die Befreiung Orthodoxer vom Militärdienst).

Wie wir sehen können, gibt es in Israel religiöse Parteien, die sehr viele Anhänger im Volk haben und einflussreich sind. Damit stellt sich natürlich die Frage, inwiefern die israelische Politik von der Religion beeinflusst wird. Um diese Frage zu klären, muss man sich erst einmal anschauen, warum die religiösen Parteien auf so viel Zustimmung stoßen. Meiner Meinung nach lässt sich das mit der Geschichte des jüdischen Volkes erklären. Die Juden wurden auf verschiedene Teile der Erde und damit in verschiedene Kulturzonen verstreut. Da sie nicht einmal eine gemeinsame Sprache sprachen, war das einzige was sie verband die Religion und die Traditionen. Das hatte zur Folge, dass die meisten Juden religiös waren. Somit kann man erklären, warum es religiöse

Parteien wie Degel Hatorah, Schas und Agudat Israel gibt. Nachdem Israel 1948 als jüdische Heimat gegründet wurde, spielte bei vielen die Religion nicht mehr die zentrale Rolle in der jüdischen Identität. Die israelischen Juden identifizierten sich zunehmend eher mit dem Staat Israel. Das erklärt auch, warum die meisten orthodoxen Juden gegen den Zionismus als Ideologie sind.

Aber der Einfluss der Religion beschränkt sich nicht nur auf die religiösen Parteien. Auch Parteien der Mitte wie die Likud sind der Meinung, dass die israelische Kultur und auch ein Stück weit die Politik und Justiz auf Werten der jüdischen Kultur und Religion beruhen soll. Auch wird häufig, besonders von Seiten der Rechten, häufig damit argumentiert, dass das ganze biblische Eretz (Land) Israel zu Israel gehören sollte, womit vor Allem die palästinensischen Autonomiegebiete gemeint sind. Ich jedoch sehe das nicht als starkes Argument, da ich territoriale historische Argumente nicht als Argumente sehe, was ich aber später noch erklären werde.

Wie man erkennen kann, hat Israel eine sehr große Parteien- und Meinungsvielfalt, die in der Welt einzigartig ist. Das verdeutlicht noch einmal, das Israel einer der demokratischsten Staaten der Welt ist. Außerdem hat Israel eine sehr starke und moderne Wirtschaft: Israel produziert und exportiert vor allem Waren im Bereich Hightech und Software, es gilt als Nummer zwei unter den Hightech-Entwicklungsregionen nach Kalifornien. Auch in der Wirtschaft sind die Israelis viel weiter vorne als die Palästinenser. Die Erklärung dafür ist sehr einfach: Durch die Terrororganisationen konnten sich die palästinensischen Autonomiegebiete einfach nicht weiter wirtschaftlich entwickeln, und so bleiben die Palästinenser Bauern, genau wie vor 200

Jahren, die Arbeitsgeräte haben sich dabei kaum modernisiert, doch dazu später.

Zusammengefasst kann man sagen: Israel ist ein demokratischer, freiheitlicher Staat, der alles tut, um die Sicherheit der eigenen Bürger zu gewährleisten. Die militanten Palästinenser errichten Terrorregime und verüben Terroranschläge, um möglichst viele Menschen zu töten. Das ist der größte Unterschied zwischen Israel und den militanten Palästinensern. Und der erste Grund, warum die Zwei-Staaten-Lösung nicht funktioniert: Wenn es einen Staat Palästina geben würde, würde er sofort zu einer terroristischen Diktatur wie die Hamas oder der IS werden.

2. Von Feinden umzingelt

Nachbarstaaten

Israel hat vier Nachbarstaaten: Libanon, Syrien, Jordanien und Ägypten. Alle sind mehrheitlich arabisch und muslimisch. Auch deren Nachbarstaaten sind das. Israel liegt mitten im Nahen Osten, der sehr stark islamisch geprägt ist. Israel ist ein jüdischer Staat, und wenn man sich anschaut welcher Anteil der Bevölkerung der Staaten in der Region antisemitisch ist, wird man feststellen, dass es keine guten Beziehungen zwischen Israel und seinen Nachbarstaaten geben kann: In Jordanien und in Ägypten 70-80%, im Irak nahezu 100%. Für Syrien und den Libanon werden keine Angaben gemacht, jedoch kann man erkennen, dass zum Beispiel Syrien genauso antisemitisch ist wie seine Nachbarn. In den syrischen Lehrbüchern wird zum Kampf gegen Juden aufgerufen, den diese „Dschihad" nennen. 2011 begann der Bürgerkrieg in Syrien. Viele Leute in Deutschland denken, dass die Opposition „demokratischer" und „moderater" sei. Das ist nicht richtig. Als die Proteste in Syrien begannen, wurde Assad als „Jude" beschimpft. Diese bewaffneten Gruppierungen, die als „Opposition" bezeichnet werden, sind kein bisschen besser als Assad: Die Gruppierungen arbeiten mit Islamisten zusammen, die meisten mit der Al-Nusra-Front. Aber man sollte nicht vergessen, dass auch Assad ein Massenmörder und Menschenrechtsverbrecher ist.
Aber genug zum syrischen Bürgerkrieg, kommen wir zu den Beziehungen zwischen Israel und Syrien. Diese Beziehung kann man nicht als „gut" und auch nicht als „neutral" bezeichnen: Die Beziehungen sind eindeutig

schlecht.

Syrien kämpfte im Sechs-Tage-Krieg 1967 gegen Israel, Israel nahm die gesamten Golanhöhen, ein Stück Land im heutigen Nordosten Israels, ein. Darauf folgte der Jom-Kippur-Krieg 1973 (wieder einmal eine arabische Aggression), in dem Israel noch ein Stück Syriens eroberte, das aber heute unter UN-Verwaltung steht und die Grenze zwischen Israel und Syrien bildet. Nach der Eroberung der Golanhöhen durch Israel wurden alle dort lebenden Araber vertrieben, damit es nicht zu innenpolitischen Konflikten kommt. Syrien fordert wie die UN die Golanhöhen zurück, aber greift Israel nach zwei verlorenen Kriegen nicht mehr an, außerdem hat Syrien erst einmal mit dem Bürgerkrieg zu tun. Die UN erklärte die Israelischen „Siedlungen" für illegal, da dieses Gebiet eigentlich früher zu Syrien gehörte. Ja, früher. Die Zeiten ändern sich. Bei territorialen Streitigkeiten zählen historische Argumente nicht. Wenn Syrien die Golanhöhen zurückfordert, klingt das ungefähr so, als würde Deutschland anfangen, Kaliningrad zurückzufordern. Oder die Mongolei könnte sagen: „Ganz Asien gehörte mal zu uns, gebt es uns zurück!" Sie sehen, Syrien hat keinen Anspruch auf die Golanhöhen, vor allem da dort nicht einmal Araber leben.

Die Golanhöhen heißen nicht umsonst „Höhen". Das ist eine hügelige Landschaft, die hoch über der israelischen Küstenebene liegt. Von dort aus kann man sehr gut Raketen auf die israelischen Städte abfeuern, wo 70% der israelischen Bevölkerung lebt und sich die Industrie und Wirtschaft befinden. Und wenn man sich die syrischen Lehrbücher anschaut, kann man mit hoher Wahrscheinlichkeit sagen, dass Syrien das auch tun

Berge an der Grenze sind auf der israelischen Seite, außerdem leben in der Negev nicht viele Leute.

70-80% der ägyptischen Bevölkerung sind antisemitisch. Als die Muslimbrüder an die Macht kamen, unterstützten sie die palästinensischen Terroristen. Zum Glück gab es einen Militärputsch, nun ist eine gemäßigte Militärregierung an der Macht. Die Waffen der Hamas kommen aber weiterhin aus Ägypten. Es muss eine Sicherheitszone zwischen dem Gazastreifen und Ägypten geschaffen werden und die Tunnel müssen gesprengt werden. Und Ägypten muss sich daran beteiligen. Ägypten unterstützt den Waffenschmuggel nicht, es unternimmt aber auch nicht viel dagegen. Weiterhin finden wichtige Treffen und Ereignisse palästinensischer Terrororganisationen sehr oft in Ägypten statt, das diese organisiert.

Wie schon gesagt, Ägyptens Bevölkerung ist sehr antisemitisch. Die Demonstrationen gegen Mursi und seine Muslimbrüder wurden in den westlichen Medien häufig als liberal und demokratisch dargestellt. Dabei haben die Demonstrierenden aber Israel-Fahnen und jüdische Symbole angezündet. Auch bei den Protesten gegen Mubarak 2011 wurde verkündet, dass dieser für das „Weltjudentum" gearbeitet habe. Viele westliche selbsternannte Nahostexperten behaupten, dass der arabische Frühling nichts mit Antisemitismus zu tun habe, höchstens mit Israelhass. Aber das ist falsch: Das verbrennen von Israel-Fahnen, Theorien der „jüdischen Weltverschwörung" und Beleidigung der Herrscher als „Juden": Vieles deutet darauf hin, dass viele dieser „liberalen" Araber Antisemiten sind. Und der Glaube an die „jüdische Weltverschwörung" treibt die Revolution voran. Dadurch werden die neuen Herrscher nicht viel besser als die alten sein, oder sogar schlechter, wie im Beispiel von Mursi. Und: Die Existenz Israels ist nicht schuld an allen Problemen im Nahen Osten. Das ist eine Lüge arabischer Diktatoren, um von ihrer eigenen Brutalität abzulenken. Leider glauben das viele westliche Journalisten.

Insgesamt kann man zu dem Schluss kommen: Ägypten war und ist ein Feind Israels, die Diplomatie und die Lösungsversuche sind meistens von ägyptischer Seite gespielt, und bei seriösen Versuchen einer Diplomatie mit Israel werden die Herrscher Ägyptens von radikalen Antisemiten ermordet oder gestürzt.

Der letzte Nachbarstaat Israels ist der Libanon. Libanon als Staat funktioniert nicht wirklich. Es gibt verschiedene Milizen, die gegeneinander kämpfen. Alle fünf bis zehn Jahre bricht ein Krieg aus. Der Libanon ist auch für die Palästinenser sehr wichtig: Als es 1968 Widerstand gegen die Politik der PLO gab, wechselte die PLO ihren Standort in den Libanon. Syrien half ihr dabei. Das löste 1975 einen Bürgerkrieg im Libanon aus, der bis 1989 dauerte. Vom Libanon aus startete die PLO Terroranschläge in Israel. So zum Beispiel den Küstenstraßen-Anschlag, bei dem 37 Zivilisten von PLO-Kämpfern erschossen wurden. Israel antwortete darauf mit der Operation Litani: Die Befreiung des Südlibanons von Terroristen. Alles verlief überaus erfolgreich: Nur 20 Soldaten starben auf israelischer Seite und die PLO wurde aus dem Südlibanon vertrieben. 1982 folgte ein weiterer Krieg: Nun musste die PLO auch aus Beirut abziehen. Sie kehrte zurück, wurde aber ein Jahr später von Syrien vertrieben. Die palästinensische Bedrohung durch Terrorismus aus dem Libanon war nicht mehr vorhanden, aber durch die iranische Revolution von 1979 entstand eine neue: Die schiitischen Milizen wurden wieder aktiv. Besonders die Hisbollah. Sie fiel regelmäßig in Nordisrael ein. Nun war die Hisbollah das Problem.

Die Hisbollah ist eine Terrororganisation, die sich als „Beschützer" vor Israel sieht. Dabei ist sie selbst der Aggressor. Ein Ziel der Hisbollah ist nämlich die Vernichtung Israels. Die Hisbollah machte schon sehr viele Terroranschläge: Zum Beispiel in einem jüdischen Zentrum in Argentinien, wo 85 Menschen starben. Die Positionen der Hisbollah sind also terroristisch und klar antisemitisch. Aber der Terror richtet sich nicht nur gegen Juden und Israel: Bei einen Anschlag auf die US-Botschaft in Beirut starben 59 Menschen. Die Hisbollah ist eine Terrororganisation, auch wenn das nicht allen klar ist. Israel zog sich 1985 vollständig aus dem Libanon zurück, richtete aber eine Sicherheitszone ein, damit keine weiteren Anschläge durch die Hisbollah-Miliz verursacht werden.

Aber die Hisbollah baut, ähnlich wie die Hamas, Raketen, und besitzt davon etwa 50.000. Die Terroristen beschießen damit regelmäßig Nordisrael. Der Hisbollah-Chef Hassan Nasrallah behauptet, das die Hisbollah Raketen besitzt, die „in der Lage sind, den jüdischen Staat zu vernichten." Das ist höchst unglaubwürdig, da, wie wir festgestellt haben, die Hisbollah eine antisemitische Terrororganisation ist, und sobald sie solche Waffen besäße, sie Israel sofort „vernichten" würde. Außerdem hat das israelische Raketenabwehrsystem Kipat Barzel (Iron Dome, Eiserne Kuppel) eine Trefferquote von nahezu 100% und eine Abfangquote von 84%, also selbst wenn die Hisbollah so viele effektive Raketen hätte, würde das zwar sehr großen Schaden anrichten, aber es würde bei weitem nicht ausreichen um Israel zu vernichten. Aber warum schießen die Terroristen nicht alle Raketen ab, die sie haben? Wenn die Hisbollah ihre weiter reichenden Raketen einsetzen würde, müsste sie von der israelischen Seite mit einer massiven Reaktion rechnen, das heißt, Israel würde mit hoher Wahrscheinlichkeit militärisch in den Libanon eingreifen müssen, und danach würde die Hisbollah nicht mehr existieren. Das verstehen die Hisbollah-Chefs und setzen nur ihre kleinen Raketen ein, aber dabei laufen sie jedes mal Gefahr, dass ein Gegenangriff gestartet wird. Ich frage mich immer wieder warum das Israel nicht endlich tut. Die Hisbollah darf nicht weiter existieren und Israel bedrohen. Die Regierung des Libanon kann gegen die Hisbollah nicht viel ausrichten, da sie nahezu keine Kontrolle über das Land hat. Eine funktionierende Armee gibt es im Libanon ebenfalls nicht. Die Hisbollah sollte verboten werden, und Israel muss dabei helfen. Die Hisbollah ist eine Terrororganisation, die nicht weiterhin existieren darf. Wenn es sich um den IS handelt, stimmt sogar die EU zu.

Die Hisbollah wird vor allem vom Iran finanziert, aber von dem ist auch nichts anderes zu erwarten. Die Waffen im Libanon sind meistens russischer und chinesischer (und natürlich iranischer) Produktion, wie zum Beispiel die Katjuscha-Raketen. Russland und China unterstützen die Hisbollah zwar nicht direkt, aber sie verkaufen die Waffen nach Syrien, von wo sie dann in den Libanon zur Hisbollah gelangen. Und Russland und China tun nichts dagegen. Aber immerhin unterstützen sie den antiisraelischen Terrorismus nicht so direkt wie die USA das tun (siehe erstes Kapitel). Ich denke, die Frage ob der

Libanon (beziehungsweise die Hisbollah) ein Feind Israels ist, klärt sich von selbst.

Jetzt könnten Sie sich fragen, warum ich geschrieben habe, dass Assad die bessere Wahl im syrischen Bürgerkrieg ist, wenn er doch die Hisbollah unterstützt und ihnen Waffen liefert. Die Antwort ist einfach: Auch wenn Baschar Al-Assad ein Antisemit ist und den Terrorismus unterstützt, ist er immer noch besser als eine zweite Hisbollah. Denn es wird genau das gleiche in Syrien wie im Libanon passieren, wenn eine von den radikalen (oder auch „gemäßigten") Gruppierungen an die Macht kommt, und das wäre für Israel viel schlimmer als Assad.

Nun wissen wir, dass alle Nachbarstaaten Israels Israel vernichten wollen oder sich wünschen, dass das getan wird. Die Rhetorik „Überall sind Feinde" ist unter Diktatoren sehr beliebt, um von den innenpolitischen Problemen abzulenken. Das ist jedoch in Israel nicht der Fall, da Israel keine Diktatur ist und es (wie wir ja sehen) wirklich so ist, dass Israel von Feinden umzingelt ist.

Gut, Israels Nachbarstaaten sind nicht freundlich. Aber vielleicht gibt es ja Staaten in der Region, die mit Israel verbündet sind? Ja, auch wenn dieser Staat noch nicht lange existiert und international nicht anerkannt ist: Kurdistan. Im irakischen Teil von Kurdistan begeht man seit 2016 offiziell den Holocaust-Gedenktag. Es gibt sogar eine Abteilung für kurdisch-jüdische Angelegenheiten. Es soll auch eine Synagoge errichtet werden. Die Demokratische Partei Kurdistans hat traditionell gute Beziehungen zu Israel, vor kurzem wurden sie öffentlich gemacht. „Es ist an der Zeit, dass wir uns auf unsere gemeinsamen Werte von Demokratie und Freiheit konzentrieren und unsere Kräfte gegen

Antisemitismus und Islamismus bündeln.", sagte der Vorsitzende der Kurdischen Gemeinde Deutschland. Kurdistan befindet sich aber gerade im Freiheitskampf und hat zwar freundschaftliche, aber keine engen Beziehungen zu Israel. Ich sage ihnen im Voraus, dass das ist auch der einzige Staat im Nahen Osten ist, der Israel unterstützt.

Sie könnten denken, dass die Türkei Israel unterstützt. Das tut sie aber nicht. Der Hamas-Chef Mashal hat 2014 einen Kongress der AKP besucht. Die Erdogan-Anhänger haben dabei „Nieder mit Israel" gerufen. Die Türkei, besonders die AKP, hat sehr gute Beziehungen zur Hamas. Kein Wunder, denn seit Recep Tayyip Erdogan an der Macht ist, verwandelt sich die Türkei immer mehr in eine islamistische Diktatur. Erdogan bezeichnet Israels Vorgehen in Gaza als „Barbarei, die Hitler übertrifft", ernst nehmen sollte man das nicht. Israel mit Hitler vergleichen ist die Lieblingsbeschäftigung islamischer Diktatoren.

Die türkisch-israelischen Beziehungen erreichten 2010 ihren Tiefpunkt, als einige Schiffe einer türkischen pro-palästinensischen Organisation nach wiederholter Aufforderung zur Rückkehr von der israelischen Armee gestoppt wurden. Dabei starben neun Türken. Es war aber nicht die Absicht der Soldaten, dass Menschen sterben. Die israelischen Soldaten wurden mit Waffen auf dem Schiff attackiert, sodass sich die Soldaten wehren mussten. Außerdem war die Aktion ein „Versuch gewaltsamer Propaganda gegen Israel", wie Liberman es formuliert. Das war sie in der Tat, das Schiff war mit Palästina- und Türkei-Fahnen „geschmückt". Das ist ungefähr so, als würde man vor der Küste der USA mit Iran- und IS-Fahnen herumfahren. Außerdem sagten die

Aktivisten: „Die Menschen von Gaza sind in einem Konzentrationslager, und wir werden auch in eins kommen, wenn wir festgenommen werden." Das Schiff war also voll mit Antisemiten. Schimon Peres nennt sie sogar „Terroristen".

Nach diesem Zwischenfall wurde der israelische Botschafter in der Türkei ausgewiesen, die militärische Zusammenarbeit beendet und die Beziehungen zwischen Israel und der Türkei erreichten den Tiefpunkt. Aber 2016 einigten sich die Türkei und Israel auf eine Normalisierung der Beziehungen. Israel musste sich für den „Angriff" auf das Schiff entschuldigen. Aber Israel hat die Hitler-Vergleiche Erdogans nicht vergessen, und das sollte es auch nicht. Außerdem verfolgt die türkische Regierung rücksichtslos Kurden, das einzige mehrheitlich nicht-antisemitische Volk im Nahen Osten. Insgesamt kann man also sagen: Erdogan und die Türkei sind keine Freunde Israels.

Doch der Libanon, die Türkei und Syrien sind im Vergleich zum Iran keine ernsthafte Bedrohung. Als Barak Obama 2008 für das Präsidentschaftsamt der USA kandidierte, sagte er: „Der Iran stellt eine ernste Bedrohung dar. Er betreibt widerrechtliches Atomprogramm, er unterstützt den Terrorismus in der Region und Milizen im Irak, er bedroht Israels Existenz und er leugnet den Holocaust." Der Iran hat ein Atomprogramm. Und sobald er eine Atombombe hat, wird das ein atomares Wettrüsten auslösen, und der Iran könnte einen Atomangriff auf Israel starten, denn der „oberste Führer" des Iran Ajatollah Chamenei hat versprochen, dass „Israel in 25 Jahren nicht mehr bestehen" werde. Im Iran herrschen religiöse Fanatiker, die alles dafür tun, um Israel zu vernichten. Der Iran bezeichnet Israel als „zionistisches Besatzerregime". Der ehemalige Präsident des Iran Ahmadinedschad erzählt, dass der Holocaust eine Lüge sei, die als Vorwand für die Gründung Israels gedient habe. Der Iran hat Raketen, die Israel erreichen können. Der Iran arbeitet an Atomwaffen. Der Iran ist die größte Bedrohung für die Existenz Israels. Außerdem unterstützt der Iran die Hisbollah und auch viele palästinensische Terrororganisationen, wie zum Beispiel die Hamas oder den Islamischen Dschihad. Noch einmal zur Erinnerung: Deren Ziel ist es, Israel zu zerstören.

2016 unterzeichneten die USA und der Iran ein sehr fragwürdiges Atomabkommen. Auf den ersten Blick sieht es sehr gut aus, Iran muss einen Großteil des Atomprogramms einschränken, und Transparenz gewährleisten. Aber eben einschränken, und nicht einstellen. Zur Transparenz: Der Iran kann seine offiziellen Atomforschungen zeigen, während es im geheimen an einer Atombombe baut. Die Gegenleistung der USA: Die Sanktionen werden aufgehoben, der Iran kann nun Geld verdienen. Und dieses Geld fließt direkt zu den Terrororganisationen, die dann Menschen in Israel töten. Außerdem kann der Iran im Abkommen ein Schlupfloch finden, ein solches gibt es in jedem Abkommen. Obama musste dieses Abkommen unterzeichnen, damit er am Ende seiner Amtszeit nicht inkompetent dasteht. Dieses Abkommen bedeutet eine Gefahr nicht nur für Israel, sondern für die ganze Welt.

Man hätte dem Iran keine Wahl lassen sollen: Entweder sie geben das Atomprogramm auf, oder die Sanktionen werden verschärft. So hätte es möglicherweise funktionieren können. Aber jetzt muss sich Israel mehr denn je vor einem iranischen Angriff fürchten. Und die

Terrororganisationen werden nun noch mehr Unterstützung aus dem Iran bekommen.

Großmächte

Israel ist militärisch sehr stark, aber Israel braucht eine Großmacht, die es beschützt. Israel hat ein besonders enges Verhältnis zu den USA. Die USA haben Israel als erste anerkannt. Aber warum halfen die USA Israel immer? Israel ist die einzige stabile Demokratie des Nahen Ostens. „Gemeinsame Werte und gemeinsame Feinde", das sei es, was Amerika und Israel verbindet, sagt David Makovsky, ein Experte für Nahostpolitik. Aber der Hintergrund ist noch ein ganz anderer: Israel ist von arabischen Staaten umgeben, die von der Sowjetunion unterstützt wurden. Und der größte Feind der USA war die Sowjetunion, deswegen unterstützten die USA ihren Vorposten im Nahen Osten, Israel. Bei antiisraelischen UN-Resolutionen haben die USA immer ihr Vetorecht benutzt. Die USA gab Israel in schweren Zeiten immer Rückendeckung. Es gibt sogar eine amerikanisch-israelische Zusammenarbeitsorganisation, die Aipac. Amerika war immer der Beschützer Israels.
Aber jetzt sieht es anders aus. Die Regierung Obamas war gegen Israel und stellte sich auf die Seite der Palästinenser. Wie ich im ersten Kapitel gesagt habe, hat Hillary Clinton 900 Millionen Dollar an die Hamas gespendet, und zwar vom staatlichen amerikanischen Geld. Das ist so, als würde Amerika einfach mal eine Milliarde Dollar an den IS spenden. Als Netanjahu davor

warnte, ein Atomabkommen mit dem Iran einzugehen, da dieses „zu 80% iranische Forderungen" enthalte und „Israels überleben bedroht", hörte Obama einfach nicht zu, mit der Begründung, dass die Rede „nichts Neues" enthalte. Ich halte Obama nicht für einen Idioten, deswegen denke ich, dass er ganz genau wusste, dass Netanjahu recht hatte, aber Obama brauchte einen Abschluss als Präsident, und es war ihm anscheinend egal, ob deswegen Menschen sterben werden. Auch bei der UN-Resolution 2334 gegen den sogenannten israelischen „Siedlungsbau", den es, wie wir festgestellt haben, nicht gibt, enthielt sich die USA, aber es war klar, dass sie eigentlich für die Resolution ist.

Aber warum ist das demokratische Amerika plötzlich auf der Seite der Terroristen? Die Palästinenser machen so geschickt und unauffällig Propaganda, dass es selbst den USA nicht auffällt. Der Chefpropagandist des Abbas-Regimes Saeb Erekat schreibt immer wieder „Studien", die von der westlichen Welt ernst genommen und für wahr gehalten werden, von den Medien immer wieder zitiert. 2015 veröffentlichte er die „Studie 15", voll mit Lügen, aber auf den ersten Blick sieht sie sehr seriös aus. Saeb Erekats erster Punkt: „Israel besetzt den Staat Palästina". Die Begründung: Das Territorium des nach UN-Beschluss palästinensischen Staates werde von Israel kontrolliert. Klingt erst einmal objektiv. Aber das stimmt nicht: Israel ist 2005 aus Gaza abgezogen, und im Westjordanland gibt es keinen „Staat Palästina", demzufolge kann es auch nicht besetzt sein. Weiterhin behauptet Erekat, dass das „Kolonisierungsunternehmen und die illegale Besatzung" die „Ursache der kontinuierlichen Aufstände der Palästinenser" sei, die „seit Jahrzehnten ein Apartheidregime ertragen haben".

Hier sind sogar mehrere Lügen in einem Satz: Mit „Kolonisierung" meint Erekat wahrscheinlich die eingewanderten Juden aus Europa. Dies war jedoch legal und hat nichts mit „Kolonisierung" zu tun. Es gibt ebenso wenig eine „illegale Besatzung", da Israel die heutigen palästinensischen Gebiete im von den arabischen Staaten provozierten Sechstagekrieg erobert hat. Mit „kontinuierlichen Aufständen" ist die Aufstandswelle der Palästinenser 2000-2004 gemeint, die jedoch durch ein Terrorkommando der palästinensischen „Regierung" ausgelöst wurde. Von einem „Apartheidregime" kann in Israel nicht die Rede sein, da es in Israel arabische Parteien gibt, arabische Bürger sind gleichberechtigt und viele israelische Diplomaten sind ebenfalls Araber. Also ist das nur eine leere Beleidigung. Ich könnte ihnen noch viele weitere Passagen dieses Textes nennen, aber ich denke, das reicht um zu erkennen, dass palästinensische Propaganda nicht immer offensichtlich ist. Die amerikanische Regierung fällt aber genau auf diese Propaganda rein, obwohl man nur einen logischen Schritt machen muss, um zu sehen, dass das alles Lügen sind. Das erstaunliche ist aber, dass selbst die amerikanischen Juden der antisemitischen Propaganda glauben: Im Sommer 2014 demonstrierten Juden in Washington gegen die israelische Selbstverteidigung in Gaza. Der Schriftsteller Tuvia Tenenbom schreibt dazu: „Jedes Mal, wenn irgendjemand die Juden als entsetzliche Verbrecher und Diebe bezeichnet, applaudieren 1000 amerikanische Juden." Das sind die Folgen palästinensischer und antiisraelischer Propaganda.

Aber jetzt ist Donald Trump Präsident der Vereinigten Staaten, jemand, der Israel versteht und unterstützt. Er ist auch nicht besessen von der Zwei-Staaten-Lösung, und möchte die US-Botschaft nach Jerusalem verlegen, als Zeichen der Anerkennung der Zugehörigkeit der Stadt zu Israel. Donald Trump ist jemand, der sich nicht so leicht von Propaganda beeinflussen lässt. Das ist sicherlich positiv. Aber Trump möchte vor allem die Innenpolitik in den Vordergrund stellen. Das heißt, dass Amerika in Zukunft außenpolitisch weniger aktiv sein wird, auch in Israel. Israel kann also auf amerikanische Unterstützung hoffen, sollte aber nicht zu viel erwarten. Demzufolge braucht Israel einen weiteren starken Verbündeten, der Israel zur Seite stehen wird. Vielleicht die EU?

Die EU verfolgte schon immer eine pro-palästinensische Politik. In Deutschland beispielsweise gehört Israel laut Umfragen zu den drei unbeliebtesten Ländern der Welt. Die palästinensische Propaganda hat auch hier zugeschlagen. Schon 1971 forderte die EG, dass Israel alle „besetzten" Gebiete zurück gibt. Und das hat nichts mit demokratischen Werten zu tun, die EG fürchtete nur um ihre Ölimporte aus den arabischen Ländern, deswegen mussten sie etwas gegen Israel sagen. Heute ist es genau so. Aber nicht nur die Ölimporte spielen eine große Rolle, sondern auch der Antisemitismus. In Deutschland sind etwa 25% der Bevölkerung teilweise antisemitisch, und das sind nur die, die es zugeben. Jetzt werden Sie vielleicht denken: „Wie kann das sein, so viel?" Aber als Deutschland 1945 befreit wurde, waren die meisten Menschen immer noch antisemitisch, mit der Befreiung verschwand der Antisemitismus nicht. Das sieht man auch heute noch in der deutschen Israelpolitik, aber dazu im letzten Kapitel. Merkels Regierung spendet regelmäßig einige Millionen Euro an die Palästinenser und ist eine Anhängerin der Zwei-Staaten-Lösung. Doch das meiste Geld wird nicht direkt an die palästinensische

Bevölkerung gespendet: Das meiste Geld spendet die deutsche Regierung an propalästinensische und antisemitische NGOs, die versuchen, Israel, die einzige Demokratie im Nahen Osten, als rassistische Diktatur und Monster darzustellen. Wenn man die Juden im eigenen Land nicht bekämpfen kann, kann man es ja woanders versuchen. Auch die Presse in Deutschland ist pro-palästinensisch und teilweise antisemitisch. Deutschland sollte sich aber an seine eigene Vergangenheit erinnern: Wenigstens der Versuch zu normalen Beziehungen mit Israel wäre da angemessen. Deutschland tut so, als wüsste es nichts von palästinensischen Terrorismus und führt die israelfeindliche Politik weiter. Und wir zahlen Steuern, von denen der Terrorismus finanziert wird.

Was Deutschland einfach nicht versteht: Israel ist dazu gezwungen, seine Politik fortsetzen, um zu überleben und sich selbst zu verteidigen. Deutschland sollte aber verstehen, dass die PLO und die Hamas Terroristen sind. Deutschland muss den nationalsozialistischen Terror wiedergutmachen, und Israelfeindlichkeit und Finanzierung antisemitischen Terrors hilft da sicher nicht.

Die Regierung muss entschlossen gegen Antisemitismus vorgehen, das tut sie aber viel zu wenig. Dabei hilft es auch nicht, dass Deutschland eine Million sogenannter Flüchtlinge ins Land lässt, denn diese Flüchtlinge kommen vor allem aus Syrien, dem Irak und Afghanistan, alles sehr antisemitische Länder. Ich habe kein Problem damit, Menschen in Not zu helfen und echte Flüchtlinge aufzunehmen, aber nur für eine begrenzte Zeit. Deutschland braucht auch eine Obergrenze für die Flüchtlingsaufnahme, wir können nämlich nicht ganz Syrien aufnehmen. Mit echten Flüchtlingen meine ich Menschen, die aus Kriegsgebieten nach Deutschland kommen, also nur Syrer und Iraker, die in den Regionen der Länder leben, wo zurzeit Krieg ist. Und die Flüchtlinge dürfen auf keinen Fall für immer in Deutschland bleiben, da viele von ihnen Antisemiten sind.

Interessant ist außerdem noch, dass auch Hitler den Palästinensern half, gegen Juden vorzugehen und einen eigenen Staat zu errichten, also im Prinzip das, was Deutschland auch jetzt tut, nur mit anderer Begründung: Früher war es die Ausrottung der Juden, jetzt ist es die Demokratie.

Aus allem gesagtem folgt: Deutschland und die EU sind keine Freunde, und schon gar nicht die Beschützer Israels und werden das wahrscheinlich auch nie sein.

15% der Israelis sind russische Einwanderer. Russland ist einer der wichtigsten Verbündeten Israels. Doch das war nicht immer so: Die Sowjetunion unterstützte immer (auch im Sechstagekrieg) die arabischen Aggressoren und war für Palästina. Nach dem Zerfall der Sowjetunion änderte Russland seine Nahostpolitik, es unterstützte zwar immer noch viele arabische Staaten, bemühte sich aber, auch zu Israel gute Beziehungen herzustellen. Jetzt ist Russland sowohl ein politischer als auch wirtschaftlicher Partner Israels. Netanjahu traf sich 2016 vier Mal mit Putin, während er sich nur ein Mal mit Obama traf. Das zeugt von einer sehr engen russisch-israelischen Beziehung. Für beide ist Assad in Syrien die bessere Wahl, auch wenn die israelische Armee syrische Militärstützpunkte bombardiert. Für beide war Amerika ein Verbündeter, jetzt ist es es nicht mehr (oder nicht mehr in dem Maße). Die russische Presse berichtet objektiv über Israel, was in Amerika und der EU nicht der Fall ist. Natürlich gibt es Meinungsverschiedenheiten, Russland hat Palästina anerkannt und stimmte für die Resolution gegen die israelische Siedlungspolitik. Negativ ist auch, dass Russland dem Iran Waffen liefert und mit ihm zusammenarbeitet. Aber Netanjahu versteht: Israel braucht einen starken Verbündeten, und die USA und die EU sind dazu, wie wir gesehen haben, nicht geeignet. Und Putin ist damit einverstanden, Israel zu helfen. Also sind die Meinungsverschiedenheiten in der russisch-israelischen Zusammenarbeit nicht so wichtig, da Russland die einzige Chance für Israel ist. Meiner Meinung nach sollte Israel die Beziehungen zu Russland ausbauen. Russland könnte für Israel das zweite Amerika werden.

Zusammengefasst kann man sagen: Israel ist wirklich von Feinden umgeben, die nur darauf warten, Israel zu vernichten. Daher braucht Israel einen starken Verbündeten, doch Israels alte Verbündete sind von palästinensischer Propaganda beeinflusst und finanzieren den Terrorismus.

Und der zweite Grund, warum die Zwei-Staaten-Lösung nicht funktioniert: Das Festhalten an der veralteten Zwei-Staaten-Lösung und deren Befürwortung des Westens ist ein Ergebnis des Antisemitismus und palästinensischer Propaganda.

3. Wirtschaften im Vergleich

Wenn ein Staat existieren möchte, braucht dieser eine starke und funktionierende Wirtschaft. Erst einmal müssen wir also prüfen, ob der nach der Zwei-Staaten-Lösung vorgesehene Staat Palästina eine funktionierende Wirtschaft besitzt und ob er überhaupt eine besitzen kann.

Das Bruttoinlandsprodukt in den palästinensischen Autonomiegebieten pro Kopf beträgt 2960 US-Dollar. Das ist sehr wenig, ungefähr genauso viel wie in Nigeria, das nicht als sonderlich wohlhabendes Land bekannt ist. Das BIP pro Kopf in Israel beträgt vergleichsweise 35329 US-Dollar. Doch woran liegt es, dass es so einen großen Unterschied gibt?

Um eine Antwort darauf zu finden, sollten wir uns die Geographie der Regionen anschauen. Das israelische Kernland kann man in zwei Zonen unterteilen: Den ariden Süden und den größtenteils humiden Norden. Im Norden gibt es genug Niederschläge und guten Boden, sodass es möglich ist, intensive Landwirtschaft zu betreiben. Die Industrie konzentriert sich auf große Ballungsräume wie Tel Aviv oder Haifa. Doch auch im Süden gibt es einige Kibbuzim, die Landwirtschaft betreiben. Dank moderner Bewässerungstechnologien ist das möglich. Auch der Tourismus ist ein sehr wichtiger Bestandteil der israelischen Wirtschaft.

Doch wie kommt es, dass Israel so fortschrittlich ist? Die Antwort ist einfach, aber nicht ganz offensichtlich: Das Land ist flach. Dort, wo das Klima es möglich macht, Landwirtschaft zu betreiben, also in der Nähe der Küste, in Galil und im nördlichen Jordantal, ist die Landschaft größtenteils flach. Die Landwirtschaft, also der erste, produzierende Sektor, ist die Grundlage für die Industrie (zweiter Sektor) und diese ist wiederum Grundlage für die Dienstleistungen (dritter Sektor). Durch die beiden letzten Sektoren kann die Landwirtschaft modernisiert werden.

Nun schauen wir uns die palästinensischen Gebiete an. Der Gazastreifen ist sehr klein und hat keine bedeutende Wirtschaft, da er sich permanent im Kriegszustand, unter einer Blockade und Terrorherrschaft befindet. Landwirtschaft kann hier wenig oder gar nicht betrieben werden, schon allein deswegen, dass der Gazastreifen sehr dicht bevölkert ist.

Das Westjordanland dagegen ist größer und hat bessere Bedingungen für eine Wirtschaft als der Gazastreifen. Hier gibt es jedoch ein anderes Problem: Nahezu auf dem gesamten Gebiet Judäas und Samarias sind Berge, was eine Entwicklung der Landwirtschaft erschwert. In den Flachen Gebieten im Jordantal ist es sehr trocken, teilweise bestehen diese aus Wüste. Sicherlich erschwert das die Landwirtschaft. Aber es macht sie nicht unmöglich. Österreich oder Israel haben schließlich auch eine funktionierende, moderne Landwirtschaft.

Vor 1967 lag das niedrige Wirtschaftsniveau vor Allem daran, dass es nicht genug finanzielle Mittel gab, um die Landwirtschaft im damaligen Osten Jordaniens zu modernisieren. Die palästinensischen Bauern hatten seit Jahrhunderten die gleichen Werkzeuge für die landwirtschaftliche Produkterzeugung benutzt. Im Laufe des Sechstagekriegs 1967 gingen die Kampfhandlungen im Westjordanland nur ein bis zwei Tage lang, sodass die örtliche Bevölkerung nicht darunter litt.

Nach 1967 gab es große Modernisierungsversuche der

palästinensischen Landwirtschaft durch die israelische Regierung: Die Funktionsweise moderner Maschinen wurde erklärt und es wurden landwirtschaftliche Beratungsstellen eingerichtet. Und tatsächlich: Der Wert der landwirtschaftlichen Produktion stieg in nur neun Jahren um 250% an. Doch die Wirtschaft ist im Vergleich zu Israel noch immer sehr Rückständig, nicht nur die Landwirtschaft. Eine moderne Gesellschaft ist eine Dienstleistungsgesellschaft, das heißt, dass die Wirtschaft vor Allem aus Dienstleistungen besteht. Allerdings macht dieser nur 18,7% des palästinensischen BIP aus. Auch nur 34,4 % der Beschäftigten arbeiten hier, was noch einmal verdeutlicht, dass Palästina ein Agrarland ist. Die Hauptexportprodukte sind Produkte aus Olivenbäumen. Israel hat Elektronik, Deutschland hat Autos und Palästina hat Olivenbäume. Ein weiteres Zeugnis der Armut und der wirtschaftlichen Rückständigkeit des Westjordanlands ist, dass 27% der Bevölkerung arbeitslos sind.
Vergleichen wir das einmal mit der israelischen Wirtschaft. Wie gesagt, Israel hat eine sehr hoch entwickelte Landwirtschaft und Industrie. Doch das besondere an der israelischen Wirtschaft sind die innovativen Technologiezentren. Israel ist nach Kalifornien das zweitwichtigste Technologiezentum der Welt. Mit der Zeit hat die israelische Bevölkerung gelernt, wie man mit begrenzten Mitteln innovative, moderne Technologien schafft. Den nur mit deren Hilfe ist es möglich, eine starke Wirtschaft in Israel aufzubauen. Der Gründer von Microsoft Bill Gates schreibt dazu: „Es wäre nicht übertrieben zu sagen, dass die in Israel stattfindende Innovation eine Schlüsselrolle bei der zukünftigen Entwicklung der Technologie-

Branche spielt.“

Die Drohne wurde beispielsweise in Israel als militärisches Objekt erfunden.

Die Wahrscheinlich bekannteste Startup-Unternehmerin Israels heißt Kira Radinsky und besitzt zwei sehr erfolgreiche Startups. Sie ist kein Einzelfall: In Tel Aviv beispielsweise kommen auf 431 Einwohner ein Technologie-Startup, in ganz Israel gibt es etwa 3400 Startups. Diese außergewöhnlich hohe Wirtschaftsleistung für ein Acht-Millionen-Land spiegelt sich auch in der Anzahl der Beschäftigten nach Sektoren wieder: In der Landwirtschaft sind nur 1,1% der Beschäftigten tätig, in der Industrie 17,6%. Im Bereich der Dienstleistungen arbeiten dagegen 79,7% der Beschäftigten. Israel ist also eine hochentwickelte Dienstleistungsgesellschaft.

Doch nicht nur Dienstleistungen spielen in Israel eine Rolle: Die Industrie hat zwar vergleichsweise wenige beschäftigte, ist aber für den israelischen Außenhandel sehr wichtig, denn über die Hälfte der israelischen Exporte sind industriell gefertigt. Auch die stark entwickelte Industrie Israels ist ein Wunder: Das Land besitzt kaum Rohstoffe und viele der jüdischen Einwanderer Israels, die heute die Mehrheit der Bevölkerung bilden, hatten keine industriellen Kenntnisse.

Wie wir sehen können, hat Israel eine in allen Bereichen starke und eine wachsende Wirtschaft. Doch damit sich die Wirtschaft entwickelt, braucht man Investitionen. Diese kommen in Israel vor Allem aus den Vereinigten Staaten, aus Israel selbst und natürlich auch von der jüdischen Diaspora und von jüdischen Organisationen. Insgesamt hat die israelische Wirtschaft viele Investoren, kein Wunder bei so einer entwickelten und bewährten Wirtschaft.

Um noch einen letzten Vergleich zwischen den Wirtschaften durchzuführen: Israel ist nach der HDI-Rangliste auf Platz 19, Palästina dagegen auf Platz 114 von 188.

Doch trotz der schwachen Wirtschaft, der hohen Arbeitslosigkeit und dem niedrigen Entwicklungsstand leben die Palästinenser vergleichsweise gut. Wie kommt das? Ich habe schon gesagt, dass viele europäische und amerikanische Organisationen und Regierungen pro-palästinensisch sind und Palästina Geld in Milliardenhöhe spenden, damit die Palästinenser ihren „Befreiungskampf" gegen Israel fortsetzten können. Durch dieses Geld können die palästinensische Verwaltung und viele Organisationen sich am leben halten. Jedoch investiert es die palästinensische Regierung nicht in den Ausbau und die Modernisierung der Wirtschaft, vielmehr verschwindet das Geld in den Taschen der palästinensischen Aktivisten und Politiker. Doch was würde wirtschaftlich passieren, wenn das Westjordanland nicht mehr unter israelischer Kontrolle wäre, ein unabhängiger Staat Palästina entstehen und die israelisch-ägyptische Blockade des Gazastreifens aufgehoben werden würde? Die Europäer und Amerikaner würden sofort das Interesse an jeglichen Spenden für Palästina verlieren, da ja das „Ziel" erreicht wäre. Die folge wäre große Armut im gerade gegründeten palästinensischen Staat und eine Krise mit weitreichenden Folgen für Palästina, die Wirtschaft würde komplett zusammenbrechen, wie das der Internationale Währungsfond bestätigt.

Doch auch das westliche Geld erreicht nicht alle. Die

Armut ist in Palästina trotz europäischer Gelder vorhanden. Etwa 26% der Bewohner des Westjordanlands gelten als arm. Das ist auch eine mögliche Erklärung für die Ursache des palästinensischen Terrors. Die Terrororganisationen haben viel Geld, und versprechen die armen Familien der Terroristen zu finanzieren. So werden Terroristen angeworben. Die Armut kombiniert mit den Hass auf Israel ist sehr gefährlich, wie wir es seit vielen Jahren beobachten können.

Doch wie geht Israel mit dieser Armut, Arbeitslosigkeit und der damit verbundenen Bedrohung durch Terroristen um? Israel bot den Arbeitslosen nach 1967 Stellen beim Bau von öffentlichen Gebäuden wie Schulen und Krankenhäusern im Westjordanland an. Damit verband es die Senkung der Arbeitslosenzahl mit dem Ausbau von Infrastruktur und Dienstleistungen in den neuen Gebieten. Aber warum? Sind Israel die zum großen Teil antisemitischen Palästinenser so wichtig geworden, dass es Millionen Dollar ausgibt, um ihnen Bildung zu ermöglichen? Möglich, aber sehr unwahrscheinlich. Erst einmal muss man feststellen: Bildung ist der Schlüssel zu einer erfolgreichen Karriere. Und durch eine erfolgreiche Karriere verdient man viel Geld und hat also insgesamt finanziell gesehen ein besseres Leben als ein ungebildeter Mensch. Also ist es sehr wahrscheinlich, dass Israel dieses so den Terrorismus zurückdrängen wollte, da sich wohlhabende Leute nicht so einfach zu terroristischen Aktivitäten verleiten lassen. Es ist nämlich so, dass der Hass auf Israel der Palästinenser nicht nur auf Antisemitismus (wobei das natürlich auch ein wichtiger Aspekt ist), sondern auch auf Neid auf die wohlhabenden israelischen Nachbarn beruht. Außerdem sind die gebildeten Palästinenser potentielle künftige Steuerzahler für Israel, was den positiven Aspekt der Bildung noch einmal verstärkt.

Wenn wir so viel auf ökonomische Weise erklären können, stellt sich die Frage, warum die israelische Regierung die eigentlich legalen Dörfer im Westjordanland auf internationalen Druck nicht geräumt hat. Es würde weniger Kritik an Israel und vielleicht sogar weniger Antisemitismus in der Welt geben, wenn Israel die sogenannten „Siedlungen" räumen würde. Warum hat Israel das nicht getan? Nur, weil es sich der Legalität der Dörfer bewusst war? Weil es Mitleid mit den Einwohnern der Dörfer hatte? Weil die Militärstützpunkte nicht weg sollen? Natürlich auch wegen all dem, aber nicht nur. In der Politik geht es nicht um Mitleid, es geht um Geld. Und die Militärstützpunkte hätte man auch schließlich ohne die Dörfer beibehalten können. Vielmehr denke ich, es hat wieder etwas mit Steuern und vor Allem mit Sicherheit zu tun.

Für sehr viele Palästinenser stellen die israelischen Dörfer eine Möglichkeit dar, um Geld zu verdienen. Der Lohn in den jüdischen Dörfern ist oft um ein Vielfaches höher als in den palästinensischen Dörfern. Das Prinzip ist hier das gleiche: Durch das Geld lassen sich die Palästinenser nicht mehr so einfach zum Terrorismus verleiten. Außerdem Zahlen die Arbeiter Steuern. Die „unrechtmäßigen Siedlungen" fördern also den Frieden. Wer hätte das gedacht.

Kommen wir also zum dritten Grund, warum die Zwei-Staaten-Lösung nicht funktioniert: Sobald es es den den nach der Zwei-Staaten-Lösung vorgesehenen unabhängigen Staat Palästina geben würde, würden die ausländischen Spenden ausbleiben und die schwache

Wirtschaft wäre nicht in der Lage, die Bevölkerung ausreichend zu versorgen. Das würde nicht nur eine humanitäre Katastrophe, sondern eine durch den Neid auf die Israelis verursachte Gewaltzunahme in Form von Terrorakten zur Folge haben. Außerdem müssten laut der Zwei-Staaten-Lösung alle Siedlungen und israelische Infrastruktur geräumt werden. Diese aber fördern den Frieden und schwächen den Terrorismus.

4. Die UN – Ein Freund des Friedens?

Die UN hat viel gutes für die Welt getan: Kriege verhindert, zum Frieden beigetragen, hungernden Menschen geholfen, Krankheiten ausgerottet, und vieles mehr. Die UN entwickelte auch den Teilungsplan für Palästina, eigentlich dazu gedacht, um Frieden im Nahen Osten zu schaffen. 1947 war der Plan noch sehr aktuell und wirklich eine gute Lösung, den die Juden und die Araber hatten so beide ihren eigenen Staat und dadurch konnte das Konfliktpotential verringert werden. Doch nicht zu vergessen: Der Plan ist von 1947. Die Situation hat sich seitdem sehr stark verändert: Erst eroberten Jordanien und Ägypten die palästinensischen Gebiete, dann eroberte Israel sie. Viele Palästinenser sind zu radikalen geworden und verbreiten Kriegspropaganda. Aber versteht das die UN nicht, oder versuchen sie absichtlich, den Frieden zu verhindern?

Erst einmal muss man sagen: Die ganze Idee der Resolutionen und der Anerkennung Palästinas ist meiner Meinung nach falsch. Was ich meine ist, dass das Israel-Palästina-Problem nur die davon betroffenen Staaten angeht, die sich damit auseinandergesetzt haben. Wenn beispielsweise Vanuatu Palästina anerkennt, ist das einfach nur Willkür, da es Vanuatu eigentlich nicht interessieren sollte, was in Israel passiert. Und ich glaube auch nicht, dass sich Vanuatu mit dem Problem richtig auseinandergesetzt hat. Es sollten nur die Staaten in der UN darüber abstimmen, die es mehr oder weniger direkt betrifft, das sind die Staaten in der Region und die Großmächte.

Aber gut, akzeptieren wir einmal, dass die UN ein solches System hat. Aber die UN hat noch etwas viel schlimmeres getan: Sie hat Palästina einen Beobachterstatus gegeben. Gut, könnten Sie jetzt denken, und was soll daran so schlimm sein? Stellen Sie sich vor, islamistische Terroristen würden einen Staat in Thüringen gründen. Und dann würde die UN ihnen einen Beobachterstatus geben, nur dass dieser Staat dann nicht nur Thüringen, sondern ganz Deutschland mit der Hauptstadt Berlin beanspruchen und regelmäßig Zivilisten mit Terroranschlägen töten würde.

Jetzt können Sie sich vorstellen, wie absurd die Anerkennung Palästinas ist. Vielleicht noch ein besseres Beispiel: Wenn die UN Palästina einen Beobachterstatus gibt, ist es ungefähr so, als würde sie den IS anerkennen.

Außerdem erkennen die PLO, die Hamas und ähnliche Organisationen Israel nicht an, also haben alle Staaten, die Palästina anerkannt haben und die UN akzeptiert, dass es alles was Israel gebaut und getan hat, nicht gibt: Krankenhäuser, Schulen, Städte, Gärten in der Negev.

Schauen wir uns einmal einige UN-Resolutionen an, die etwas mit Israel zu tun haben.

Die umstrittenste Resolution ist die Resolution 3379 der UN-Generalversammlung von 1975. Diese besagt: „Frieden benötigt nationale Freiheit und die Beseitigung von Kolonialismus, Neo-Kolonialismus, Besatzung, Zionismus, Apartheid und Rassendiskriminierung in allen Formen,...". Und das sagen nicht irgendwelche palästinensischen Terroristen, das sagt die UN! Noch einmal zur Erinnerung: Der Zionismus ist nichts weiter als die Ideologie einer jüdischen Heimat. Das heißt, dass diese Resolution antisemitisch ist. Übrigens: Über die

Beseitigung des Antisemitismus ist hier nicht die Rede, obwohl das auch eine klare Form des Rassismus ist.

Etwas weiter in der Resolution steht: „Das rassistische Regime im besetzten Palästina und die rassistischen Regime in Simbabwe und Südafrika haben den gleichen imperialistischen Ursprung und die gleiche rassistische Struktur ...". Damit wird Israel auf eine Stufe mit Simbabwe und Apartheid-Südafrika gestellt. Der Unterschied ist nur: Israel ist eine Demokratie, während Südafrika eine unterdrückerische Diktatur war und Simbabwe es bis heute ist. Außerdem gibt es kein „besetztes Palästina", dieses Gebiet ist ein Teil Israels, und Israel ist kein „rassistisches Regime", das ist eine Lüge, die durch palästinensische Propaganda verbreitet wird. Ich wiederhole noch einmal: In Israel haben alle die gleichen Rechte und wenn die Palästinenser in ihren Gebieten nicht zurecht kommen, ist das nicht Israels Schuld. Wie man sehen kann, glaubt auch die UN der antisemitischen Propaganda. Die Resolution unterstützten übrigens fast nur arabische Staaten.

Zum Glück wurde die Resolution 1991 widerrufen, die arabischen Staaten stimmten natürlich dagegen.

2016 gab es eine neue Resolution gegen den sogenannten „Siedlungsbau" in Israel, in der steht: „Israels Siedlungsbau in den besetzten Palästinensergebieten seit 1967, einschließlich von Ost-Jerusalem, verstößt gegen internationales Recht und gefährdet die Vision von zwei Staaten, die in Frieden und Sicherheit Seite an Seite leben." Erst einmal: Es existiert kein staatlich organisierter Siedlungsbau in den sogenannten „besetzten Gebieten". Und die Vision von zwei Staaten ist eben nur eine Vision, die nicht umgesetzt werden kann. „Israel muss alle Siedlungsaktivitäten in den besetzten

Palästinensergebieten einschließlich Ost-Jerusalem sofort stoppen. Negative Trends, die eine Zwei-Staaten-Lösung gefährden, müssen rückgängig gemacht werden. Änderungen des Grenzverlaufs von 1967, auch in Jerusalem, können nur von beiden Seiten im Rahmen von Friedensverhandlungen vereinbart werden." Mit anderen Worten: Den israelischen Bürgern wird das Recht auf freie Wahl des Wohnsitzes genommen. Israel soll den Lauf der Geschichte rückgängig machen. Zur Änderung des Grenzverlaufs muss Israel mit von Krieg träumenden Terroristen über den Frieden verhandeln.

Wie Sie sehen können, ist das nicht gerade logisch. Der Text klingt zwar sehr logisch und viele denken, er stellt eine Lösung dar, aber wenn man sich genauer mit dem Thema auseinandersetzt, merkt man, dass die Resolution voller Widersprüche ist. Hier noch ein Beispiel: „Beide Seiten müssen ihre gemeinsamen Bemühungen im Kampf gegen Terrorismus verstärken und alle Terrorakte klar verurteilen." „Gemeinsam" meint, dass Israel mit der PLO zusammenarbeiten soll, aber das funktioniert nicht, wie wir gesehen haben. Israel kämpft schon sehr lange gegen den Terrorismus, deswegen kann ich mir nicht vorstellen, was mit der Forderung zur Bekämpfung von Terrorismus gemeint ist. Im Text ist die Rede von „beiden Seiten", aber wie kann die PLO, die selbst Terroranschläge macht, den Terrorismus bekämpfen und verurteilen? Das macht keinen Sinn.

Vor allem wird die Entstehung der Dörfer im Westjordanland von der UN kritisiert, und ich habe schon oft geschrieben, dass es keinen Siedlungsbau gibt. Aber was ist eigentlich damit gemeint? Mit „Siedlungsbau" wird häufig die Entstehung neuer Wohneinheiten in den im Sechstagekrieg eroberten Gebieten bezeichnet. Doch ist das legitim? Sind die „Siedler" wirklich Rassisten, wie es von den westlichen Medien dargestellt wird? Die Verurteilung des Siedlungsbaus beruht auf dem vierten Artikel der Genfer Konvention. Diese besagt, dass die gewaltsame Transferierung einer Zivilbevölkerung in andere Staaten verboten ist. So etwas fand aber nicht statt, da die Palästinenser selbst flohen und die Wohneinheiten nur auf bisher unbewohntem Gebiet entstehen. Aber es könnte ja sein, dass mit der Transferierung nicht die Palästinenser, sondern die Israelis gemeint sind: In die Dörfer ziehen nur israelische Bürger, die es möchten, und aus eigener Initiative. Übrigens entstehen die Wohneinheiten auch nicht aus Initiative der Regierung, sondern der Bürger, die Regierung ist nur insofern daran beteiligt, dass sie den Bau der Wohneinheiten legalisiert oder verbietet.

Aber dürfen sich überhaupt Israelis im Westjordanland ansiedeln und ist das legal? Auf einem Staatsgebiet dürfen sich die Bürger dieses Staates ansiedeln, wo sie wollen. Als dieses Gebiet 1948 von Jordanien unrechtmäßig besetzt wurde (wirklich unrechtmäßig, da dieses Gebiet zum Staat Palästina gehörte und damals die Zwei-Staaten-Lösung noch aktuell war), erkannten das nur zwei Staaten an: Großbritannien und Pakistan. Also hat Israel im Sechstagekrieg ein von Jordanien unrechtmäßig annektiertes Gebiet eingenommen, und nicht, wie es oft behauptet wird, das eines anderen Staates.

Außerdem, wenn die UN sagt, die „Siedlungen" seien „illegal", widersprechen sie sich selbst: Alle Entscheidungen des Völkerbunds wurden von der UN übernommen, und dieser beschloss 1920, dass sich Juden in ganz Palästina ansiedeln können. Es handelt sich beim

Westjordanland um eine falsche Formulierung: Es ist nicht von Israel besetzt, es ist ein umstrittenes Gebiet, auf das sowohl die Israelis als auch die Palästinenser Anspruch erheben.

Häufig wird kritisiert, dass der Bau neuer Wohneinheiten die Fortsetzung des Friedensprozesses verhindert. Das stimmt aber nicht, da Netanjahu vor einigen Jahren für einige Monate einen Baustopp für das Westjordanland angeordnet hat, und es hat nichts gebracht, die Palästinenser blieben radikal. Wie gesagt, die Terroristen finden immer einen Grund, um Menschen zu töten, da hilft es nicht, ihnen entgegen zu kommen. Außerdem, wenn die UN einen sogenannten „Siedlungsstopp" fordert, verstößt das gegen ein Menschenrecht, nämlich das Recht auf die freie Wahl des Wohnortes. Diese Resolution ist also menschenrechtswidrig.

In den Friedensverträgen ist auch nicht von einem Siedlungsstopp die Rede, im Osloer Friedensvertrag wird beispielsweise nur über eine palästinensische Selbstverwaltung gesprochen, nicht aber über ein Verbot der israelischen Bebauung des Westjordanlands.

Nachdem diese Resolution verabschiedet wurde, kürzte Israel seine UN-Finanzierungen um 6 Millionen Dollar. Die Abteilungen für die Rechte von Palästinensern und die für die Palästinafrage werden von Israel nicht mehr finanziert. Aus israelischer Sicht eine gute Entscheidung, da Israel noch vor kurzem UN-Abteilungen finanziert hat, die gegen Israel arbeiten.

Aber die UN schreibt nicht nur widersprüchliche Resolutionen, sondern äußert sich auch antisemitisch, oft sind in den Äußerungen Lügen enthalten. Die UN-Kommission veröffentlichte vor kurzem einen Bericht, in dem es darum ging, Israel zu boykottieren. In dem

Bericht heißt es: „Diese Zersplitterung soll das israelische Regime der rassischen Dominierung über die Palästinenser stabilisieren und den Willen und die Fähigkeit der Palästinenser schwächen, einen vereinigten und effektiven Widerstand aufzunehmen." Zuvor wurde gesagt, dass Israel die Zersplitterung der Palästinenser vorantreibt. Beweise und Quellen werden nicht genannt. Außerdem, auf die Gebiete palästinensischer Selbstverwaltung hat Israel keinen politischen Einfluss, also stimmt diese Aussage nicht. Ich wiederhole noch ein mal: Es gibt keine „rassistische Dominierung" und auch kein „Regime". Außerdem gibt es hier eine Aufforderung zum „palästinensischen Widerstand". Widerstand gegen was? Gegen die Demokratie? Ja, es ist eindeutig, dass hier zum Widerstand gegen Israel, also gegen die Demokratie aufgerufen wird. Auch hier widerspricht die UN ihren eigenen Grundsätzen. Es gibt tatsächlich einen Widerstand in Palästina, aber wir wissen, in welcher Form dieser umgesetzt wird. Als Lösung des Problems schlägt die UN-Kommission ein Boykott Israels vor. Das tun auch die palästinensischen Extremisten. Es lassen sich erstaunlich viele Parallelen feststellen.
Doch zwischen diesem Bericht und der im Gegensatz dazu moderat erscheinenden Israelkritik der UN gibt es einen großen Unterschied. Während die die Meisten UN-Resolutionen und Berichte aus der Ferne auf das Problem schauen und meistens zurückhaltender formuliert sind, ist dieser Bericht so formuliert, dass man denken könnte, dass er von der PLO geschrieben ist. Doch warum ist das so? Der Bericht wurde von der Wirtschafts- und Sozialkommission für Westasien (ESCWA) verfasst, die ihren Sitz in der libanesischen Hauptstadt Beirut hat. Diese setzt sich aus 18 arabischen Staaten zusammen,

Palästina gilt als vollwertiges Mitglied. Da die arabischen Staaten einen sehr weit verbreiteten Antisemitismus haben, ist es kein Wunder, dass es solche „Berichte" gibt. Chefin der ESCWA ist die Jordanierin Rima Chalaf, die sich schon oft durch antisemitische und antiisraelische Äußerungen bemerkbar gemacht hat.

Wie antisemitisch dieser Bericht ist, sieht man noch einmal daran, dass sich die ESCWA dort gegen das jüdische Rückkehrrecht äußert. Jedem normalem Menschen ist es egal, ob Israel ein Rückkehrrecht hat oder nicht. Die Einzige Begründung, die ich mir vorstellen kann: Die Autoren des Berichtes wollen keine weiteren Juden in der Region.

Nun wissen wir, dass die UN antisemitisch ist und dass sie entsprechende Resolutionen verfasst. Das ist erst einmal nicht zu ändern und Israel muss das so hinnehmen. Aber hält sich Israel an die Resolutionen? Nein, tut es nicht. Nach der antisemitischen Resolution, die den Zionismus als eine Form von Rassismus bezeichnet wurde und dessen Abschaffung gefordert wurde, blieb Israel trotzdem bei seiner Ideologie. Nach der Resolution, in der die israelischen Wohneinheiten im Westjordanland für illegal erklärt wurden, bauten und lebten die Israelis weiter, wo sie bisher gelebt hatten. Und das ist richtig so, aus zwei Gründen: Israel muss dem Antisemitismus widerstand leisten. Wenn sogar die UN, eine Organisation, die für den Frieden geschaffen wurde, antisemitische Ansätze hat, dann erst recht. Israel muss auf die Vorwürfe, Berichte und Resolutionen kritisch reagieren. Wenn von der Umsetzung der Resolutionen die Rede ist, sollte Israel diese Ignorieren, und weitermachen wie bisher, was Israel auch tut. Der zweite Grund ist, dass Israel seinen Nachbarn keine

Schwäche zeigen darf: Sobald diese bemerken, dass Israel irgendetwas Ausführt, das nicht dem Ziel der israelischen Politik entspricht, könnten sie denken, dass Israel gerade schwach ist. Das könnte einen Krieg auslösen, und Israel muss das wegen der Gefährdung der eigenen Existenz und weil es die einzige Demokratie im Nahen Osten ist verhindern.

Aber kommen wir noch einmal dazu, dass Israel sich nicht an die Resolutionen hält. Von Israel einmal abgesehen – wozu braucht die Welt die UN, wenn sich niemand an die Resolutionen und Gesetzte hält, egal ob sie gut oder schlecht sind? Schauen wir uns Fälle an, bei denen sich nicht an UN-Resolutionen gehalten wurde: Nach den Terroranschlägen vom 11. September 2001 wurde im UN-Sicherheitsrat die Resolution 1373 verabschiedet, welche die Unterstützung von Terrorismus verbat. Es gibt jedoch immer noch viele Staaten, die den Terrorismus unterstützen, vor allem die, die es auch 2001 taten. Das sind vor allem Saudi-Arabien, der Iran, Syrien und weitere arabische Staaten. Aber auch die USA und Deutschland finanzieren den Terrorismus, wenn auch nicht absichtlich: Deutschland und die USA finanzieren den Wiederaufbau palästinensischer Territorien, aber das Geld gelangt in die Hände von Terroristen. Es gibt auch Staaten, die den Terrorismus indirekt mitfinanzieren, zum Beispiel Russland. Russland unterstützt Syrien, welches der Hisbollah finanzielle Mittel zur Verfügung stellt. Wenn man so darüber nachdenkt, finanziert fast jeder Staat den Terrorismus. Schon hier sieht man, dass sich die meisten Staaten nicht an diese Resolution halten. Wenn die UN versucht, durch Resolutionen Kriege zu verhindern, wird sie es auch nicht schaffen, weil sich die Kriegsparteien vor Strafen nicht fürchten müssen, da es diese nicht gibt. Die UN kann, wenn sie keine Sanktionen verhängt, nichts bewirken. Das einzige Mittel, was die UN hat, ist Papier. Am Beispiel vom „Siedlungsbau": Die UN kann Israel kritisieren, sie kann Berichte schreiben, aber bewirken wird sie damit wahrscheinlich wenig.

Der Völkerbund war vor dem Zweiten Weltkrieg etwas ähnliches, wie es die UN heute ist. Der Völkerbund wurde 1946 aufgelöst, weil er kein Einfluss auf die Weltpolitik mehr hatte, der Zweite Weltkrieg konnte nicht verhindert werden. Die UN befindet sich heute politisch gesehen in einer ähnlichen Situation: Sie hat keine reale politische Macht mehr. Deswegen denke ich, die UN sollte weiter existieren, aber nur als humanitäre Hilfsorganisation und für das ausstellen von international anerkannten Dokumenten (zum Beispiel der Impfpass). Weiterhin sollte die UN die internationale Zusammenarbeit fördern, was sie auch jetzt schon tut. Aber die UN sollte nicht mehr politisch aktiv sein, und nur in wirklich ernsten Situationen sich politisch äußern. Für Israel wäre das eine große Erleichterung, da es sich keinen antisemitischen Unsinn mehr anhören müsste.

Nun können wir uns mit der Frage beschäftigen, ob die UN Frieden will.

Es gibt eine UN-Teilorganisation, die sich „Informationssystem der Vereinten Nationen zur Palästinafrage" (UNISPAL) nennt. Diese ist Teil der UN-Sekretariatsabteilung für die Rechte der Palästinenser. Diese beiden Organisationen sind der Auslöser der pro-palästinensischen und antisemitischen Meinung der UN. Die UNISPAL nennt sich „Informationssystem". Aber woher hat die UNISPAL die Informationen? Wenn man sich die Dokumente der UNISPAL anschaut, wird man feststellen, dass die Informationen der UNISPAL nicht von der israelischen Seite stammen können. Die UNISPAL schreibt zum Beispiel in einem Dokument von 2004: „ (Die UN) verurteilt das töten palästinensischer Zivilisten in Rafah". Es ist zwar wirklich so, dass bei der „Operation Regenbogen" 2004 beim Kampf gegen den Terrorismus im Gazastreifen Zivilisten starben, das waren jedoch nur sehr wenige und diese wurden nicht absichtlich getötet. Die UNISPAL reißt es aber komplett aus dem Zusammenhang, und stellt es so dar, als wenn Israel absichtlich Zivilisten tötet. Im Prinzip ist die UNISPAL nur dazu dar, um Informationen zu Suchen, die gegen Israel sprechen. Und woher bekommt man solche Informationen? Von der Hamas, der PLO, der Fatah. Insgesamt ist es so: Die Terroristen machen Propaganda, die UNISPAL glaubt ihnen und die UN bekommt die Informationen von der UNISPAL. Kein Wunder also, dass die Äußerungen der UN so merkwürdig sind.

Eine weitere interessante UN-Teilorganisation ist die UNRWA (Hilfswerk der UN für Palästina). Diese arbeiten daran, die geflüchteten Palästinenser an ihre Heimatorte zu bringen. Aber wer sind eigentlich die „geflüchteten Palästinenser"? Die UNRWA definiert alle Palästinenser als „Flüchtling", deren noch so entfernte Vorfahren irgendwann mal auf dem Territorium des britischen Mandatsgebiets gelebt haben. Das heißt, dass der Ur-urenkel eines Flüchtlings von 1948 bei der UNRWA immer noch als „Flüchtling" gilt. Laut der UNRWA gibt es mittlerweile fünf Millionen solcher „Flüchtlinge". Das ist fast so viel wie die Bevölkerung Israels. Noch 50 Jahre, und es gibt mehr solcher „Flüchtlinge" als ganz Syrien Einwohner hat.

Ein mittel- bis hochrangiger UN-Mitarbeiter verdient etwa 100.000 Dollar brutto im Monat, so auch die Mitarbeiter der Sekretariatsabteilung für die Rechte der Palästinenser und die der UNRWA. Diese Organisationen (und eigentlich die ganze UN) sind dazu dar, um das israelisch-palästinensische Problem zu lösen. Doch genau das tun sie nicht: Sie sind für die Terroristen und halten an der seit Jahrzehnten veralteten Zwei-Staaten-Lösung fest, sagen manchmal etwas gegen die israelische Politik und bringen den Frieden nicht näher. Doch wozu habe ich von dem Gehalt der UN-Mitarbeiter gesprochen? Sobald das Israel-Palästina-Problem durch einen Plan der UN-Mitarbeiter gelöst ist und es Frieden in Israel gibt, verlieren diese ihre Stelle und damit die monatlichen 100.000 Dollar, da die Mitarbeiter nun nicht mehr gebraucht werden. Aus allen Informationen kann man folgern, das die UNISPAL-, UNRWA- und UN-Mitarbeiter alles dafür tun, um ihre Stelle zu behalten. Und das geht am einfachsten, indem man wie bei einem Mantra „Zwei-Staaten-Lösung" wiederholt und dazwischen sagt, dass die palästinensischen Terrororganisationen recht haben. Und der UN ist es, so wie es aussieht, egal, dass in diesem Konflikt bisher über 30.000 Menschen gestorben sind. Der UN ist nur wichtig, dass weiterhin Geld verdient wird und das der Konflikt nicht aufhört. Und so etwas von einer Organisation, die dazu da ist, um Frieden zu schaffen.
In der Presse werden Aussagen der UN zum israelisch-palästinensischen Konflikt gerne als Argument gegen Israel genommen. Laut der Presse ist es ungefähr so: Was die UN sagt, ist ein Fakt. Punkt. Niemand kann etwas dagegen sagen. Aber kann man einer Organisation vertrauen, die mit Krieg ihr Geld verdient? Auch an

dieser Stelle ist es richtig, dass Israel die UN-Finanzierung gekürzt hat.

Insgesamt kann man zur UN sagen: Nein, die UN ist kein Freund des Friedens, im Gegenteil: Die UN-Mitarbeiter versuchen erst gar nicht, einen neuen Friedensplan zu entwickeln, da sie ansonsten ihre 100.000 Dollar nicht mehr bekommen. Und die paar tausend Menschenleben sind der UN egal.

Und zum vierten Grund, warum die Zwei-Staaten-Lösung nicht funktioniert: Die Zwei-Staaten-Lösung wurde von der UN entwickelt, mit dem Ziel, Frieden zu schaffen. Doch die Situation hat sich geändert: Die UN ist nur noch auf den eigenen Reichtum fokussiert und die Zwei-Staaten-Lösung ist keine friedliche Lösung mehr, sondern dient nur noch dazu, die Bemühungen um den Frieden vorzutäuschen und der UN mehr Geld zu beschaffen.

5. Die deutschen Medien und der Antisemitismus

„Die amerikanischen und europäischen Massenmedien berichten in einem Ausmaß über Juden und verwandte Themen wie Israel, das es in keinem Verhältnis zu deren zahlenmäßiger Bedeutung steht.", schreibt Tuvia Tenenbom. Und er hat Recht: fast jeden Tag erscheinen auch in der deutschen Presse berichte über Israel, die meistens nicht informieren, sondern ganz gezielt dem Leser eine anti-israelische Meinung aufzwingen.

Hier ist ein Beispiel, einige Auszüge aus der „Zeit": „Sie wollen sich nicht fügen und mit leeren Versprechen abspeisen lassen: Eine neue Generation von Palästinensern ist nach der zweiten Intifada im Schatten der gescheiterten Oslo-Abkommen in den palästinensischen Gebieten aufgewachsen, die das gleiche Thema beschäftigt, wie die Generation ihrer Eltern. Sie verlangen ein selbstbestimmtes Leben in Freiheit und Würde und wollen die israelische Herrschaft abschütteln."

Erst einmal merkt man am gesamten Textausschnitt, das er komplett pro-palästinensisch ist und man hat den Eindruck, dass sich die „unterdrückten" Palästinenser gegen die bösen Israelis wehren. Vor allem wird das durch die Wortwahl ausgedrückt: Zum Beispiel durch Formulierungen wie „sie verlangen" oder „im Schatten … aufgewachsen". Die „Zeit" möchte damit also vermitteln, wie schwer es die Palästinenser unter der israelischen „Besetzung" zu leben hätten. Das erinnert mich sehr stark an palästinensische Propaganda.

Aber schauen wir uns doch einmal die Aussagen im Text

an: Es wird behauptet, dass sich die palästinensische
Jugend nicht fügen wolle. Das stimmt schon, viele
Jugendliche im Westjordanland schmeißen nämlich mit
Steinen und töten Polizisten durch Messerangriffe.
Positiv ist das nicht. Terrorismus ist nie positiv. Im
Artikel der „Zeit" wird es aber dargestellt, als wenn die
Palästinenser damit eine Revolution gegen eine Diktatur
starten. Der einzige Grund der palästinensischen
Gewalttaten ist jedoch, dass sie einen Gottesstaat ähnlich
wie Gaza wollen. Die Jugendlichen wollen sich nicht der
Demokratie und der freiheitlichen Gesellschaft fügen.
Das ist übrigens nicht die Entscheidung der
Jugendlichen, da ihnen von der Kindheit an von ihren
Eltern eingeredet wird, dass alle Juden Mörder seien. Im
Internet gibt es genug Videos, in denen Eltern ihre
dreijährigen Kinder filmen, die israelische Soldaten
beschimpfen.
Aus dem Kontext lässt sich ablesen, dass die sogenannte
„zweite Intifada" als Widerstand gegen die Israelis
gesehen wird. Aber im Gegensatz zur ersten Intifada, die
wirklich ein Aufstand der Palästinenser war (auch wenn
ich die erste Intifada nicht positiv sehe), ist die zweite
Intifada durch eine Anweisung der palästinensischen
Terrororganisationen zustande gekommen und hat nichts
mit einem Widerstand des Volkes zu tun.
Weiterhin wollen die palästinensischen Jugendlichen die
„israelische Herrschaft abschütteln". Dies ist eine sehr
unsachliche Formulierung und stellt die gewaltbereiten
Jugendlichen als Helden dar. Den Inhalt dieser Aussage
werden wir nicht noch einmal überprüfen, da wir das
schon oft genug getan haben. Ich möchte nur noch
einmal auf den Gazastreifen verweisen.
Etwas weiter im Text steht: „Aussagen wie die des

stellvertretenden Verteidigungsministers Eli Ben-Dahan, der am Samstag sagte, "die Palästinenser müssen einsehen, dass sie keinen Staat haben werden und dass Israel sie beherrschen wird", sind Bestätigung für all jene, die dem Bekenntnis zur Zwei-Staaten-Lösung von israelischen Politikern schon immer misstraut haben." In diesem Textausschnitt wird die Zwei-Staaten-Lösung als einzige umsetzbare Lösung gesehen. Wer etwas dagegen sagt, wie Eli Ben-Dahan, gilt gleich als „Feind der Freiheit" und als „rechts". Das wird im Text zwar nicht direkt gesagt, man kann das jedoch aus ähnlichen Texten und aus dem Zusammenhang folgern. Die letzten Worte des Textausschnitts sind besonders unsachlich: Da die Zwei-Staaten-Lösung in Deutschland als einziger Weg zum Frieden in Israel gesehen wird, möchte die „Zeit" damit sagen, dass alle, die Glauben, dass Israel nur Krieg will, Recht haben. Sehr ähnlich zu Verschwörungstheoretikern.

„Siedler machen den Palästinensern das Leben schwer, indem sie unter anderem deren Felder in Brand setzen. Das israelische Militär schaut in den meisten Fällen tatenlos zu oder schützt sie bei den Straftaten gar noch.", steht weiter im Artikel. Wie schon gesagt, es existieren keine „Siedler" in dem Sinne, wie es die deutschen Medien meinen. Einige israelische Einwohner des Westjordanlands machen auch Straftaten, genau wie in jedem anderen Land, ich kann mir aber nicht vorstellen, was daran so besonders ist, dass es in der deutschen Presse erwähnt wird. Falls es sich bei einem brennenden Feld tatsächlich um eine nachgewiesene Straftat handeln sollte, wird das strafrechtlich verfolgt und der Täter bekommt eine entsprechende Strafe, egal ob es sich um einen Israeli oder Palästinenser handelt, denn das Gesetz unterscheidet nicht zwischen Nationalitäten. Noch ein Beweis dafür, dass Israel ein demokratischer Rechtsstaat ist. Aber Straftaten werden in Israel nie und von niemandem geschützt, auch nicht vom Militär. Also lügt der Artikel an dieser Stelle.

Eine weitere Taktik, um die Leser von der Zwei-Staaten-Lösung und der Falschheit der israelischen Politik zu überzeugen, ist, Interviews mit Israelis zu machen, um danach sagen zu können, dass selbst die Israelis gegen die israelische Politik sind. Das Problem dabei ist nur, dass die meisten Israelis im Großen und Ganzen die Politik der Sicherheit für das Volk unterstützen. Deswegen suchen sich die Schriftsteller die seltenen Fälle heraus, die gegen die Terrorbekämpfung sind. Dafür gibt es zwei verschiedene Möglichkeiten: Verrückte oder radikale Oppositionelle. Den ersten Fall werde ich später behandeln, für den zweiten ist hier ein Beispiel: Der „Spiegel" interviewte den relativ berühmten israelischen Schriftsteller Amos Oz, der für seine oppositionelle Haltung bekannt ist. Im Interview sagte er zum Beispiel: „Ich würde gerne sehen, wie diese Regierung (die Regierung Netanjahus) zur Hölle fährt." Daran sieht man, dass der Schriftsteller selbst extrem oppositionell ist. Aber die Journalisten befeuern dies noch, indem sie manipulierende Fragen stellen und Aussagen machen, beispielsweise „Die vergangenen Jahrzehnte waren von dem Gefühl geprägt, dass die Welt immer besser wird, dass es mehr Demokratie und Fortschritt gibt. Erleben wir nun eine Gegenbewegung?" oder „Nur im Nahostkonflikt gab es in diesen Jahren kaum einen Fortschritt.".

Wie wir sehen können sind selbst dieser auf den ersten Blick objektiv erscheinende Text der „Zeit" und das

Interview nicht sachlich und beinhalten viele antiisraelische Formulierungen, die jedoch nicht direkt antisemitisch sind. Dieser Text ist im Vergleich zu anderen harmlos, da er nicht antisemitisch ist und nur wenige Lügen enthält. Aber Lügen sind Lügen, und das sollte man klar verurteilen.

Ich finde es grundsätzlich nicht schlimm, wenn ein Text gegen die israelische Politik ist, dann muss er aber auf Fakten beruhen, sachlich bleiben und Formulierungen in der „Hab ich's doch gewusst"-Form vermeiden. Außerdem sollte die Presse einen Überblick über alle möglichen Meinungen geben, was in Deutschland zum Thema Israel nicht der Fall ist. Ich habe zum Beispiel noch nie in einer der größeren Zeitungen ein Interview mit jemandem gelesen, der die israelische Politik unterstützt. Denn wenn man viele Jahre lang nur eine Sichtweise zu lesen bekommt, gibt es dadurch keine Wahl zwischen verschiedenen Sichtweisen. Das bewirkt, dass alle derselben Meinung aufgrund der Presse sind, und das ist in einer Demokratie nicht wünschenswert. In einer Demokratie, auch in Deutschland, sollen im Volk verschiedene Meinungen vertreten sein, damit sich die demokratische Kultur entwickeln und entfalten kann.

Außerdem wird, wenn auch nicht absichtlich, mit Artikeln, die Israel nur kritisieren und nichts positives über Israel sagen, bewirkt, dass das Volk sich eine zunehmend antisemitische Meinung bildet. Es ist so, dass die meisten Menschen den sehr wichtigen Unterschied zwischen der Regierung und dem Volk eines Staates nicht unterscheiden. Wenn zum Beispiel Putin in den westlichen Medien kritisiert wird, denken viele Leute in Deutschland, dass alle Russen gegen die Demokratie und regierungstreu sind. Manchmal bewusst, manchmal unbewusst. Dies ist in den letzten Jahren immer deutlicher zu spüren gewesen. Genau so ist es mit Israel. Und wer lebt in Israel? Juden. Dass heißt, dass die meisten Leute, die diese anti-israelischen Artikel lesen, zunehmend antisemitischer denken. Und ich kann Ihnen aus eigener Erfahrung sagen, dass das mit jedem Jahr schlimmer und schlimmer wird. Wenn man diese Leute, die sich antisemitisch äußern Fragen würde, ob sie sich selbst als antisemitisch bezeichnen würden, würden sie natürlich das verneinen. Die Medien machen das Volk also zu Antisemiten, und das Volk merkt es nicht einmal. Gerade Deutschland sollte wegen seiner Geschichte an dieser Stelle sehr vorsichtig sein.

Doch das größte Problem liegt nicht in der unsachlichen Berichterstattung, es liegt in antisemitischen Artikeln, die dem Leser direkt eine antisemitische Meinung geben. Der „Spiegel" ist die bekannteste Zeitschrift, die solche Artikel beinhaltet: 2012 schrieb Jakob Augstein den meiner Meinung nach den antisemitischsten Artikel überhaupt in Deutschland. Hier einige Auszüge: „Dieser Krieg wird erst enden, wenn die Krieger die Lust daran verloren haben. Es sieht nicht danach aus." Damit sagt er aus, dass beide Seiten, sowohl die Hamas als auch Israel, Krieg wollen. Die Hamas will, offensichtlich, Krieg, da sie Raketen auf Zivilisten schießt. Aber Israel? Israel wehrt sich nur gegen den Terrorismus, das ist das, was alle demokratischen Länder der Welt tun. Offensichtlich wird hier als Argument eine Lüge genannt.

Weiterhin steht im Text: „Den großen Angriff gegen Iran, für den Benjamin Netanjahu unablässig wirbt, haben die Amerikaner ihm verboten. Jetzt führt er den kleinen Krieg gegen die Hamas. Ein Stellvertreterkrieg, ein Funktionskrieg." Hier wird alles so verdreht, dass

Israel nichts anderes zu tun hat, als danach zu suchen, wo man am besten Menschen umbringen kann. Der Krieg gegen die Hamas dient allein der Terrorabwehr, einen anderen Grund gibt es nicht.

„Als Kriegsherren dominieren sie (Netanjahu und der ehemalige Verteidigungsminister Ehud Barak) nun wieder die Berichterstattung.", sagt der Text weiterhin aus. Das ist eine dreiste Lüge, in Israel gibt es vollständige Medienfreiheit und der Staat hat nicht das Recht dazu, die Medien zu kontrollieren.

Weiterhin ist es sehr fragwürdig, Netanjahu als einen „Kriegsherren" zu bezeichnen. Wenn jemand alles für den Frieden tut, ist er logischerweise kein Kriegsherr. Die Terrorabwehr im Gazastreifen hat ebenso wenig etwas mit einem Angriffskrieg zu tun.

Wenn es Sie wundert, wie viele Lügen in dem Artikel sind, ich verrate ihnen eines: Im ganzen Artikel ist kein einziges wahres Wort. Und das ist noch längst nicht das schlimmste: Lesen Sie sich die wirklich antisemitischen Aussagen im Text durch: „"Tel Aviv ist Berlin", schrieb die Bild am Sonntag, nachdem sich gezeigt hatte, dass die Raketen der Hamas inzwischen weiter reichen als früher: "Die gleiche Mode, die gleiche Musik, dieselben Wünsche und Werte." Wirklich? In Israel gibt es Gegenden, da wird eine Frau als Hure beschimpft, wenn sie im Bus vorn bei den Männern sitzt. Und es gibt Menschen, die bespucken ein kleines Mädchen auf dem Weg zur Schule, weil es falsch gekleidet ist." Es werden keinerlei Quellen genannt. Wenn diese „Informationen" nicht der Fantasie des Autors entstammen, dann aus nicht seriösen antisemitischen Büchern oder Internetseiten. Der Textausschnitt ist eindeutig antisemitisch, da es zeigt, wie Juden angeblich „in echt" sind: intolerant und egoistisch. Der gleichen Logik ist auch der „Stürmer" vor 80 Jahren gefolgt. Heute lässt sie sich wiedererkennen: Auch im „Stürmer" wurde davon gesprochen, dass die Juden nur Krieg und Mord wollen. Jakob Augstein folgt demselben Muster. Dabei muss man sagen, dass der „Stürmer" natürlich viel schlimmer als Augstein war, aber gewisse Ähnlichkeiten lassen sich rein objektiv beim betrachten seiner Texte schon feststellen. Kein Wunder also, dass das Simon-Wiesenthal-Center, eine US-amerikanische Menschenrechtsorganisation, ihn in die Liste der zehn weltweit gefährlichsten antisemitischen Verleumder eingetragen hatte, neben den Muslimbrüdern und anderen Terroristen.

Hier ein weiterer, extrem antisemitischer Textausschnitt: „Israel wird von den islamischen Fundamentalisten in seiner Nachbarschaft bedroht. Aber die Juden haben ihre eigenen Fundamentalisten. Sie heißen nur anders: Ultraorthodoxe oder Haredim. Das ist keine kleine, zu vernachlässigende Splittergruppe. Zehn Prozent der sieben Millionen Israelis zählen dazu. Benjamin Netanjahu hat in seinem Kabinett Mitglieder gleich dreier fundamentalistischer Parteien sitzen. Die gleichen Werte?" Mit anderen Worten: Es gibt islamistische Terroristen, die jedes Jahr tausende Menschen umbringen, aber die Juden sind doch genau so. Der Unterschied ist nur, dass die gläubigen Juden, die ihrer Religion folgen, keine Selbstmordanschläge verüben. Auch hier gibt es Parallelen zu Nazizeitungen. Die Orthodoxen gehören zur jüdisch-israelischen Kultur und sind auf keinen Fall Fundamentalisten. Das ist ungefähr so, als wenn man christliche Priester als Fundamentalisten bezeichnen würde. Das ist nicht nur schlecht recherchiert, sondern eindeutig antisemitisch.

Die provokante Frage „Die gleichen Werte?" sagt aus, dass die Juden ganz anders als Deutsche seien. In Israel gibt es nun einmal etwas mehr religiöse Menschen. Na und? Die demokratischen und freiheitlichen Werte sind trotzdem die gleichen.

„Gaza ist ein Gefängnis. Ein Lager." Diese Aussage ist klassisch antisemitisch, da das Wort „Lager" Israel mit den Nazis vergleicht, also Minderheiten in Lagern einsperrt. Das ist auch ein Vergleich, den Islamisten immer wieder gerne anstellen. Der Autor des Textes ist also auch nicht besser als islamistische Extremisten.

Ich könnte jetzt noch viele weitere Lügen und aus dem Zusammenhang gerissene Argumente aus dem Artikel nennen, aber ich denke, das sollte reichen, um zu verstehen, dass Jakob Augstein zurecht als einer der gefährlichsten Antisemiten gilt. Diese Hetze wird durch die Presse an das Volk gebracht, die das glauben. Es gibt unter anderem deswegen einen so hohen Antisemitismus und Antiisraelismus in Deutschland.

Jakob Augstein schreibt sehr gerne über Israel, gefühlt jede dritte seiner Kolumnen im Spiegel ist über dieses Thema. Das deutet noch einmal auf das Zitat am Anfang des Kapitels hin. Israel ist ein sehr kleines Land mit gerade einmal acht Millionen Einwohnern, nur etwas mehr als Turkmenistan. Natürlich ist Israel für Deutschland bedeutender als Turkmenistan, aber nicht in dem Verhältnis zur Berichterstattung über diese Länder. Wann haben Sie das letzte mal etwas über Turkmenistan gehört? Auch das übermäßig häufige Berichten über Israel ist eine Folge von unbewusstem Antisemitismus.

Wie man also insgesamt sehen kann, ist die Presse in Deutschland nicht gerade sehr objektiv im Bezug auf Israel. Doch wie sieht es im Fernsehen aus?

In den Nachrichten ist es häufig so, dass Israel sehr negativ und einseitig dargestellt wird, ähnlich wie in der Presse. Doch auch hier gibt es extrem antiisraelische Sendungen und Aussagen, so gab es vor einigen Jahren in der ZDF-Nachrichtensendung „Heute Plus" ein Video mit dem Titel „Erzogen zum Hass? - Wie israelische und palästinensische Kinder dazu gebracht werden sollen, sich gegenseitig zu verachten." Als das Video veröffentlicht wurde, war der Titel länger: „-und zu töten" war an den Titel angehängt, später wurde es entfernt. Das ändert aber nichts am Inhalt des Videos.

Drei Viertel des Videos ist über die palästinensische Terrorpropaganda und wie sie den palästinensischen Kindern beigebracht wird. Ein etwa vierjähriges Mädchen wird gefragt, was sie der „Jugend im Westjordanland" sagt. Die Antwort: „Stecht zu! Stecht zu!". Das wird im Video kritisiert, und das ist auch gut so. Solche Erziehung ist im Westjordanland keine Seltenheit. Danach werden Theaterstücke von Grundschulkindern aus Gaza gezeigt, die einen Krieg gegen Israel darstellen. Soweit alles sachlich. Aber danach wird gesagt: „In Israel seien die Kinder der anti-palästinensischen Propaganda vor allem über das Schulsystem ausgesetzt, erklärt uns Nurit Peled-Elhanan, die lange zu dem Thema geforscht hat" Danach wird erklärt, dass Palästinenser nur selten in Lehrbüchern erwähnt werden würden, und wenn, dann nur als „Terroristen oder Bedrohung" oder als „Alibaba auf einem Kamel". Erst einmal: Wer ist Peled-Elhanan, die angeblich lange zu dem Thema geforscht hat? Nurit Peled-Elhanan ist eine israelische Friedensaktivistin. Sie verlor ihre Tochter bei einem Selbstmordanschlag 1997. Sie gab dafür aber nicht den Terroristen die Schuld, sondern der israelischen Regierung und der „Besetzung". Sie erhielt dafür übrigens 2001 den Sacharow-Preis des europäischen Parlaments. Europa unterstützt halt gerne naive Leute, Hauptsache sie sind gegen Israel. Im Titel wurde von israelischen und palästinensischen Kindern gesprochen. Aber die Argumente gegen Israel waren sehr schwach. Für das ZDF sind also Terrorerziehung, Morde, Terroranschläge und antisemitische und gewaltverherrlichende Theaterstücke mit einem Alibaba auf einem Kamel vergleichbar. Mir ist allerdings kein Fall bekannt, bei dem ein Alibaba auf einem Kamel die Ursache dafür war, dass israelische Kinder Palästinenser nachts in deren Häusern erstochen haben. Dem ZDF ging es also darum, es irgendwie hinzukriegen, um es darzustellen, als wenn israelische und palästinensische Kinder gleich erzogen werden und es „von beiden Seiten" zu betrachten. Das, was dabei herausgekommen ist, ist antisemitisch, naiv und, anders kann man das einfach nicht bezeichnen, dumm. Wieder einmal in der Art „Terroristen sind nicht gut, aber die Juden sind auch nicht besser".

Am Ende des Videos sagt Peled-Elhanan, dass ihrer Meinung nach die israelischen Kinder lernen, dass „Palästinenser keine Menschen sind, mit denen man in Frieden leben oder gar befreundet sein kann." Und das schlussfolgert sie daraus, dass in israelischen Lehrbüchern Palästinenser selten oder als ein Alibaba dargestellt werden. Sehr fragwürdig.

Die Internetseite von Israel Heute nennt das Video den Tiefpunkt des ZDF in der israelischen Berichterstattung.

Das größte Problem an solchen Videos liegt darin, dass die meisten Menschen in Deutschland den Massenmedien wie dem ZDF vertrauen. Das heißt, sie halten auch so etwas antisemitisches für wahr. Dadurch, dass viele Menschen wie schon gesagt nicht zwischen der Regierung eines Landes und der Bevölkerung unterscheiden, wächst im Fall von Israel auch der Antisemitismus in Deutschland. Und besonders Deutschland sollte sich darum sorgen, denn so etwas ist nicht gerade eine Wiedergutmachung der Ereignisse von 1933 bis 1945. Juden dürfen zwar nach Deutschland einwandern, aber ob sie mit dem Leben in Deutschland zufrieden sind, ist eine offene Frage, besonders wegen der Medien.

Viele Erwachsene in Deutschland sind vor allem wegen den Medien antisemitisch. Doch schon bei den Kindern lassen sich oft solche Tendenzen feststellen: Das Wort „Jude" gilt als Beleidigung, Israel als Diktatur. Dabei wissen die Meisten nicht einmal, was Juden und Israel genau sind. Also können sie sich nicht selbst diese antisemitische Meinung gebildet haben. Doch woher kommt sie dann?

Hier ist es anders als bei den Erwachsenen. Es ist vor Allem der Antisemitismus, den die Eltern vertreten, der schon die Kleinkinder etwas sagen lässt, das sie überhaupt nicht verstehen. Später werden für die Kinder diese Aussagen bestätigt, wenn sie Anfangen, Nachrichten zu lesen. Wenn diese Kinder erwachsen sind, bringen sie diese Meinung ihren Kindern bei, und so weiter. So wird die Gesellschaft zunehmend antisemitischer. Doch es spielen nicht nur die Eltern eine Rolle: Es gibt auch Kindernachrichten im deutschen Fernsehen, eine gute Idee, um den Kindern verständlich klar zu machen, was in der Welt passiert. Doch leider werden die Kindernachrichten immer wieder missbraucht, um den Kindern eine bestimmte Meinung zu vermitteln. Besonders schlimm ist es bei der Berichterstattung über Israel. Dreiste Lügen sind hier keine Seltenheit, die Kinder werden es sowieso nicht nachprüfen, wozu dann die Lügen verstecken? Auch extrem unlogische Folgerungen sind oft vorhanden, denn die zehnjährigen Kinder bemerken so etwas nicht. Gut verbildlichte, vereinfacht Darstellungen, wie zum Beispiel in den Kindernachrichten „Logo" vom ZDF, sorgen dafür, das die Kinder die Information behalten. Und wenn die Nachrichten antisemitisch berichten, werden sich die Kinder antisemitisch äußern.

Das beste Beispiel hierfür ist meiner Meinung nach „Logo", die wahrscheinlich bekanntesten Kindernachrichtensendung im deutschen Fernsehen. Oft gibt es kleine Videos über Israel, die nicht wirklich objektiv und unsachlich sind. Ein Beispiel dafür ist ein Video mit dem Titel „Gefährlicher Schulweg im Westjordanland". Zuerst wird der Junge vorgestellt, über den berichtet wird. Danach wird gesagt, dass der Schulweg eigentlich nicht gefährlich sei, aber sie kommen an einer jüdischen Siedlung vorbei. Weiter dann: „Eigentlich hätten die israelischen Juden ihre Häuser dort nicht bauen dürfen, weil das Land den Palästinensern gehört." Warum den Kindern nicht ein bisschen Propaganda erzählen, die glauben das doch sowieso. Um noch einmal klar zu machen: Das Westjordanland ist ein umstrittenes Gebiet, das sowohl die Israelis als auch die Palästinenser beanspruchen. Wenn das Gebiet jemandem „gehört", dann Israel, weil es das Westjordanland zur Zeit kontrolliert.

Danach ist von israelischen Soldaten die Rede, die „eigentlich die Siedler beschützen sollen", aber die Kinder freundlicherweise auf dem Weg zur Schule

begleiten. Im Video wird es sehr negativ dargestellt, als
wenn die Soldaten den Kindern etwas schlechtes tun
wollen. Das heißt, wenn die Soldaten so freundlich sind
und für die Sicherheit der Palästinenser sorgen, ist das
laut dem Video schlecht. Wie gesagt, die Journalisten
müssen bei Kindernachrichten nicht lügen, sie müssen
nur alles verdrehen, auch wenn das nicht logisch ist, die
Kinder glauben das.

Später wird erzählt, dass die „jüdischen Siedler" auf die
Palästinenser mit Steinen werfen würden. Das erinnert
mich wieder an „Die Juden sind schuld und machen allen
das Leben schwer". Die „Siedler" haben auch den ganzen
Tag nichts besseres zu tun, als mit Steinen zu werfen.
Außerdem sind die Palästinenser besser dafür bekannt,
mit Steinen auf Juden zu werfen und Scheiben
einzuschlagen. Ich schließe es nicht aus, sicherlich gibt
es auch extremistische Israelis, die mit Steinen werfen,
aber das sind dann nur sehr wenige. Was den Kindern in
Erinnerung bleibt: „Die bösen Juden werfen mit
Steinen". Weiterhin wird nicht gesagt, dass die
Palästinenser viele Terroranschläge verüben und viel
mehr mit Steinen werfen als, zwei, drei jüdische
Bewohner des Westjordanlands. Nicht nur in diesem
Video, sondern in keinem Einzigem von „Logo". Es wird
also das Gegenteil der Wahrheit erzählt: Die Israelis
seien die Angreifer und die Palästinenser verteidigen sich
nur.

Ich könnte jetzt noch viele weitere Beispiele von Videos
aus „Logo" nennen, aber der entscheidende Punkt ist
nicht, das antiisraelisch und unobjektiv berichtet wird,
das Entscheidende ist, dass kein Wort über
palästinensischen Terror gesagt wird. Wenn
Terroranschläge in Israel verübt werden, gibt es keine

Reaktion. Somit entsteht das Bild, dass Israel in Frieden lebt und die armen Palästinenser unterdrückt. Der Hintergrund wird aber komplett weggelassen, wobei es das wichtigste ist.

Die neue Generation soll weniger antisemitisch sein. In der Schule lernen sie, das Antisemitismus nicht gut ist. In den Medien lesen, sehen und hören sie antiisraelische Propaganda und wie schlecht die Juden seien. Zuhause ist es unterschiedlich: Einige Eltern sind antisemitisch, andere nicht. Doch die meisten Jugendlichen haben antisemitische Tendenzen, bewusst oder unbewusst. Mit unbewusstem Antisemitismus meine ich, dass viele das Wort „Antisemitismus" nicht mögen und nicht wirklich etwas gegen die jüdische Kultur haben. Doch wenn sie Israel hören, denken viele gleich an Unmenschlichkeit, demzufolge verbinden sie auch ähnliches, auch wenn meistens nicht bewusst, mit Juden. Es gibt dazu eine, meiner Meinung nach, sehr gelungene Karikatur, auf der zwei Einzelbilder zu sehen sind. Auf dem ersten Bild ist ein Junge dargestellt, der „Was deutsches Land war, muss wieder deutsch werden!" auf eine Tafel schreibt. Daneben steht eine Frau, die das nicht gut findet. In der Gedankenblase sieht man eine Fahne des „Dritten Reiches", einen „Judenstern" und ein Konzentrationslager. Im zweiten Bild sieht man den gleichen Jungen, der „Was islamisches Land war, muss wieder islamisch werden!" anschreibt. Die Frau findet das gut und streichelt dem Jungen den Kopf. In der Gedankenblase ist ein Davidstern, ein „ist gleich"-Zeichen und ein Hakenkreuz zu sehen. Diese Karikatur zeigt sehr deutlich, das die Jugend doppelt erzogen wird, was nicht gegen den Antisemitismus hilft.

Doch nicht nur die Kindernachrichten und die Eltern

machen die Erziehung der Kinder aus. Es ist vor allem die Schule, in der die Kinder und Jugendlichen die meiste Zeit verbringen. Wie sieht es da aus? Ist der Unterricht objektiv gestaltet oder erzählen die Lehrer nur Propaganda?

Doch um diese Fragen zu klären, muss man erst einmal die Meinung der Schüler über Israel und die sogenannte „Besatzung" kennen. Hier ein Interview mit Laurin, einem Schüler der neunten Klasse an einem Gymnasium in Berlin:

Was denkst du über die sogenannten „Siedlungen" und die israelische „Siedlungspolitik" im Westjordanland?

„So wie ich es verstanden habe, gab es so einen Vertrag, den Israel gebrochen hat. Und die Juden nehmen den Palästinensern ihr Land weg, deswegen verstehe ich, dass die Palästinenser wütend auf Israel sind."

Wenn du sagst, dass die Juden den Palästinensern das Land wegnehmen, heißt das, dass die Palästinenser vor den Juden da waren?

„Ich weiß es nicht genau, aber ich habe gehört, dass die Palästinenser vor den Juden da waren."

Viele der palästinensischen Terroristen beziehen sich auf den Freiheitskampf Palästinas. Rechtfertigt deiner Meinung nach das Ziel der Freiheit die Terroranschläge?

„Der Terrorismus ist eine Folge der Besatzung, das heißt das die Israelis selbst schuld an dem Terrorismus sind."

Es gibt viele palästinensische und von der Europäischen Union unterstützte Organisationen, die gegen Israel arbeiten. Unterstützt du deren Wirken?

„Was machen denn diese Organisationen?"

Sie Unterstützen die palästinensische Freiheitsbewegung und versuchen Israel aus den sogenannten „besetzten Gebieten" zu vertreiben.

„Wenn das so ist, dann unterstütze ich das. Ich verstehe, das die Palästinenser ihr weggenommenes Land wieder haben wollen."

Viele dieser Organisationen bezeichnen den Zionismus als „rassistisch". Siehst du das ähnlich?

„Was ist Zionismus?"

Gut, andere Frage: Denkst du, dass die israelische Politik rassistisch ist?

„Ich sehe die israelische Politik negativ, aber als rassistisch würde ich sie nicht bezeichnen."

Gut, vielen dank für deine Antworten. Eine letzte Frage noch: Findest du die Darstellung Israels in den deutschen Medien in Ordnung?

„Darüber weiß ich leider wenig."

Hier noch eine kleine Nebeninformation über den Interviewten: Zuvor hatte er sich wie folgt über Israel geäußert:

„Niemand will Israel haben, und jetzt stehlen sie das Land von anderen!"

Da klingen seine Antworten im Interview noch sehr moderat. Seine Antworten sind sehr einfach, direkt, meistens ohne Begründung. Und doch sind die Informationen, die man aus diesen Antworten bekommt, sehr wertvoll: Formulierungen wie „so wie ich es verstanden habe" oder „ich weiß es nicht genau" deuten darauf hin, das Laurin (stellvertretend für die meisten Kinder und Jugendlichen in Deutschland) nur das über dieses Thema weiß, was er in diesem Interview gesagt hat, und selbst das nur oberflächlich und ohne Begründung. Was Zionismus ist, wusste er überhaupt nicht. Es ist zwar nicht schlimm, dass er es nicht weiß, aber wenn man so etwas nicht weiß, sollte man sich dazu nicht äußern. Seine Meinung war, bis auf einige

Ausnahmen, so, wie ich es erwartet habe: Antiisraelisch und propalästinensisch. Doch das er behaupten wird, dass die „Israelis selbst schuld an dem Terrorismus" seien, habe ich nicht erwartet. Doch in Deutschland denken viele Menschen so, wie wir es am Beispiel der Medien gesehen haben. Weiterhin ist dieses Interview ein sehr gutes Beispiel, dass der unbewusste Antisemitismus selbst bei Kindern und Jugendlichen vorhanden ist. Erkennbar ist das an Formulierungen wie „die Juden" im Zusammenhang mit etwas negativem oder „die sind doch selbst schuld". Über die Frage, ob er etwas gegen Juden habe, war er sehr erstaunt und antwortete: „Natürlich nicht!".

Die Schüler haben also nur wenig bis kein Wissen über dieses Thema, aber eine Meinung.

Doch woher? Von den Eltern? Wahrscheinlich, aber nicht nur. Etwa von den Lehrern?

Diese Frage gilt es zu klären.

Dazu habe ich den Geschichtslehrer Herr Dr. Staib interviewt, der an der selben Schule wie Laurin ist.

Denken Sie, dass es eine von der israelischen Regierung organisierte Siedlungspolitik gibt?

„Nach allem, was ich weiß, muss man davon ausgehen."

Können Sie das bitte etwas näher erläutern?

„Es scheint so zu sein, dass sich die israelische Siedlungspolitik außerhalb der Grenzen von 1967 ausdehnt. Das bezieht sich vor Allem auf die West Bank (Westjordanland), die ursprünglich jordanisch war. Diese Grenze wird von Israel nicht eingehalten."

Diese Meinung war zu erwarten. Aber hier ist auch ein typischer Fehler, entstanden durch Fehlinformation in den Medien: Das Westjordanland war nicht jordanisch, sondern wurde, wie schon gesagt, unrechtmäßig von

Jordanien besetzt.

Sehen Sie die Zwei-Staaten-Lösung als einzigen Weg zum Frieden im ehemaligen britischen Mandatsgebiet Palästina?

„Ich denke es wäre auf jeden Fall sinnvoll und begrüßenswert, wenn diese Zwei-Staaten Lösung zustande käme, wobei ich das Gefühl habe man sollte da eher an einer Drei-Staaten-Lösung arbeiten, das heißt Gaza ist ein Staat, die West Bank ist ein Staat und der Staat Israel ist dazwischen. Aber die Friedensbemühungen des Westens gehen ja auch dahin, dass man an einer Zwei-Staaten-Lösung arbeitet.“

In Palästina gibt es sehr viel Terrorismus. Ist das ihrer Meinung nach ein legales Mittel der Palästinenser zur Freiheit?

„Eigentlich ist Terrorismus grundsätzlich abzulehnen, denn ich glaube, die Terroristen erreichen auch seltenst, was sie mit ihren Aktionen bezwecken wollen. Aber man muss auch sagen, bei dem Gründungskrieg des Staates Israel hatten auch spätere israelische Politiker, die damals als Freiheitskämpfer aktiv waren, wie Menachim Begin beispielsweise, Aktionen unternommen, die man heute als terroristisch einstufen würde. Grundsätzlich denke ich, es ist kein Weg zum Frieden. Ich würde es sehr begrüßen, wenn beide Seiten in der Lage wären, da einen anderen Weg zu gehen. Aber da muss man natürlich auch sagen, dass dadurch, dass die Armee Israels mitunter massiv gegen einen schwächeren Gegner vorgeht, terroristische Aktivitäten provoziert werden.“

Das ist auch wieder das, was in den deutschen Medien sehr oft gemacht wird. Man kann eben Palästina nicht kritisieren, wenn man es nicht gleichzeitig mit Israel tut. Es stimmt zwar, das Menachim Begin in einer zum Teil

terroristischen Organisation aktiv war, das war aber
schon vor 70 Jahren. Außerdem hatte diese keine große
Unterstützung bei den Juden, im Gegensatz zu heutigen
palästinensischen Terrororganisation. Damit nicht genug:
Israel ist selbst schuld am Terrorismus. Und wie? Durch
Antiterrormaßnahmen seiner Armee. So einfach ist das.
Aber im Gegensatz zu Laurin unterstützt Herr Dr. Staib
den Terrorismus nicht.

Es gibt sehr viele von Europa und den USA unterstützte
NGOs in Israel, die gegen die sogenannte Besatzung
arbeiten und Rechte für die Palästinenser fordern.
Unterstützen Sie deren Arbeit?

„Da maße ich mir kein Urteil an, ich denke diese Sache
ist sehr komplex."

Eine UN-Resolution bezeichnete den Zionismus als
„rassistisch". Sehen Sie das ähnlich?

„Als deutscher sollte man sich grundsätzlich
zurückhalten, Israelis Rassismus zu unterstellen. Ob das
jetzt richtig oder falsch ist, sei dahingestellt. Aber an
dieser Stelle halte ich es für angebracht mich
diesbezüglich zurückzuhalten."

Sie haben gesagt, dass Israel teilweise brutal mit der
palästinensischen Bevölkerung umgehe. Ist das seit
neuestem so oder gab es so etwas schon früher?

„Das ist natürlich immer so gewesen. Aber von
vornherein muss man natürlich sagen, hätte der Staat
Israel diesen ersten Gründungskrieg verloren, kann ich
mir nicht vorstellen, dass die Israelis von den Arabern
mit Samthandschuhen angefasst worden wären. Die
ganze Sache ist seit 1948 sehr Konflikt- und
Gewaltbeladen. Die militärisch Unterlegenen haben
versucht mit terroristischen Aktivitäten Gewalt
auszuüben und die Israelis haben da entsprechend

geantwortet. Manchmal muss man sagen, so nach dem Prinzip „auf Spatzen mit Kanonen schießen"."

Hier stimme ich Herr Dr. Staib zu: Wie man auch aus der gegebenen Situation in Israel schlussfolgern kann, würden die Araber die besiegten Juden mit Sicherheit nicht gut behandeln.

Aber was ist die Ursache für die hohe Gewaltbereitschaft in der Region?

„Was man den Israelis als entschuldigend anrechnen könnte, ist die Tatsache, dass sie Opfer des Holocaust wurden, weil es keinen Staat Israel gab. Und das sie deshalb besonders aggressiv sind, wenn beispielsweise ihr Staat infrage gestellt wird. Und bei der anderen Seite, den Arabern, hat das auch eine Tradition. Ich denke, da hat man bei terroristischen Aktivitäten einfach auf eine Tradition zurückgegriffen. Ein Stück weit ist es auch verständlich, die arabische Welt hatte früher ein zusammenhängendes Gebiet. Und man könnte sicher auch aus den Sehenswürdigkeiten, die jetzt im Territorium des Staates Israel liegen, touristisch sehr viel Geld verdienen."

Wenn ich das jetzt richtig verstanden habe, greifen die Araber auf eine Tradition des Terrors zurück, weil sie ihre Sehenswürdigkeiten zurückbekommen wollen. Sehr interessant. Und Terrorismus ist mit einer Aggressiven Reaktion eines Israelis vergleichbar, wenn sein Land kritisiert wird.

Vermittelt denn unser Geschichtslehrer auch den netten Schülern seine Meinung?

„Wenn ich das täte, wäre es sicher schlecht. Als Historiker sollte man sich grundsätzlich mit seiner eigenen Meinung zurückhalten, das ist aber nur bedingt möglich. Aber im Unterricht versuche ich in keiner weise

Propaganda zu machen.“

Ich habe da andere Erfahrungen. Als ich in der Schule objektiv über Tatsachen im Nahostkonflikt geredet habe, wurde ich dafür schlechter bewertet. Auch fast alle Schüler (und Lehrer) dachten, dass Israel sehr böse sei.

Insgesamt bestätigt sich also der Verdacht: Die Lehrer bringen den Schülern ihre Meinung bei, die sie als Tatsachen verpacken, wie wir bei Herr Dr. Staib gesehen haben, der die Existenz einer Siedlungspolitik als Tatsache ansieht. Die Kombination aus Schule, Medien, Antisemitismus in der Familie und antiisraelischer Politik steigert den Antisemitismus in Form von Antiisraelismus, besonders den unbewussten Antisemitismus, bei Kindern und Jugendlichen.

Liberales, demokratisches Deutschland.

Der Antisemitismus und Antiisraelismus in Deutschland ist erschreckend hoch, ich hatte ihn vor meinen Nachforschungen nicht so hoch geschätzt. Es ist so: Gegen wenige, überall auf der Welt verstreute Juden, die gerade aus Auschwitz gekommen sind, haben die Deutschen und die Europäer nichts. Gegen viele Juden, die ein eigenes Land haben und sich verteidigen können schon. Das ist der Grundsatz des neuen europäischen Antisemitismus.

Und so kommen wir zum fünften Grund, warum die Zwei-Staaten-Lösung nicht funktioniert: Die Zwei-Staaten-Lösung wird überhaupt nicht mehr als Lösung betrachtet, sondern gilt als Argument zur Rechtfertigung von israelbezogenem Antisemitismus und antisemitischer Propaganda auf staatlichem Niveau.

Nachwort

Es könnte vielleicht so klingen, als wenn Israel keinen einzigen Fehler machen würde. Das ist aber nicht das, was ich mit diesem Buch sagen möchte. Natürlich hat Israel viele Fehler und unschöne Dinge getan. Aber es steht in keinem Vergleich zu dem, was palästinensische Terrororganisationen Israel antun.

Ich hoffe, dass ich verständlich erklärt habe, warum die Zwei-Staaten-Lösung in unserer Zeit nicht funktioniert und welche schlimmen Dinge mit ihr verbunden sind.

Der Antisemitismus wird immer bleiben, und Israel wird auch weiterhin gehasst werden, aber ich hoffe, dass ich gezeigt habe, dass man nicht blind den Medien vertrauen sollten, sondern gelegentlich, besonders über dieses Thema, nachforschen, recherchieren und überprüfen sollte.

Mit diesem Buch möchte ich auch niemandem vorschreiben, was er denken soll, ich möchte lediglich zum Nach- und Umdenken auffordern.

Natürlich wusste ich, dass es in Deutschland viel Antisemitismus und Antiisraelismus gibt, ich war eine Zeit lang selbst davon betroffen. Aber erst durch meine Nachforschungen und Interviews habe ich begriffen, auf welch hohem Niveau dieser sich in Deutschland befindet, was mich schockiert hat.

Ich hoffe, dass dieses Buch den Antisemitismus in seiner antiisraelischen Form ein Stück weit zurückdrängen kann.

Quellen:

1. Militante Palästinenser:

Marshall, Tim: *Die Macht der Geographie*. dtv Verlagsgesellschaft mbH & Co. KG, München 2015

Karmon, Yehuda: *Israel: eine geographische Landeskunde*. Wissenschaftliche Buchgesellschaft, Darmstadt 1983

Trump, Donald J.: *Great Again!*. Plassen Verlag, Kulmbach 2016

Palästinensische Nationalcharta (http://www.palaestina.org/fileadmin/Daten/Dokumente/ Abkommen/PLO/palaestinensische_nationalcharta.pdf)

http://query.nytimes.com/gst/fullpage.html?res=9504E6D B1530F932A35757C0A9619C8B63

http://www.spiegel.de/politik/ausland/spenden-fuer-gaza- wir-wollen-kein-geldgeschenk-wir-wollen-arbeiten-a- 609805.html

http://derstandard.at/1324501138030/PLO-nun-mit- Hamas-und-Islamischer-Jihad

http://www.zeit.de/politik/ausland/2014-07/tunnel-gaza- israel

http://www.ynetnews.com/articles/0,7340,L-3164720,00.html

http://www.israelheute.com/Nachrichten/Artikel/tabid/17
9/nid/31483/Default.aspx

http://www.israelheute.com/Nachrichten/Artikel/tabid/17
9/nid/31452/Default.aspx

http://www.hagalil.com/israel/parteien.htm

http://www.israelogie.de/2013/israel-wahlt-uberblick-
uber-die-wichtigsten-parteien/

http://www.fr.de/politik/israel-auf-der-ultrarechten-
ueberholspur-a-789014

http://www.spiegel.de/politik/ausland/gaza-krieg-israel-
will-arabische-parteien-von-wahl-ausschliessen-a-
600876.html

http://www.zionism-israel.com/dic/degel_hatorah.htm

http://www.taz.de/!5075510/

http://www.rbb-online.de/kontraste/archiv/kontraste-25-
08-2016/wie-die-palaestinensische-regierung-moerder-
und-deren-familien-unterstuetzt.html

2. Von Feinden umzingelt

http://katapult-magazin.de/de/artikel/artikel/fulltext/
antisemitismus-in-der-gegenwart/

http://www.juedische-
allgemeine.de/article/view/id/25487

Marshall, Tim: *Die Macht der Geographie*. dtv
Verlagsgesellschaft mbH & Co. KG, München 2015

http://haolam.de/de/israel-nahost/artikel_1488.html

http://www.juedische-
allgemeine.de/article/view/id/16403

Woffsohn, Michael: *Die ungeliebten Juden*. Diana
Verlag AG, München und Zürich 1998

www.ynetnwes.com/articles/0,7340,L-4054994,00.html

http://www.juedische-
allgemeine.de/article/view/id/25763

http://wwhttp://www.sueddeutsche.de/kultur/jakob-
augstein-auf-antisemiten-liste-ausweitung-der-
kampfzone-
1.1565581w.israelheute.com/default.aspx?tabid=179&ni
d=21232

http://www.ynetnews.com/articles/0,7340,L-
3895506,00.html

http://www.spiegel.de/politik/ausland/gaza-offensive-erdogan-vergleicht-israel-mit-hitler-a-981963.html

http://www.spiegel.de/politik/ausland/viele-tote-und-verletzte-blutiger-angriff-israels-auf-gaza-hilfsflotte-a-697642.html

http://www.sueddeutsche.de/politik/iran-ahmadinedschad-leugnet-erneut-holocaust-1.45956

Trump, Donald J.: *Great Again!*. Plassen Verlag, Kulmbach 2016

Stichwort: 50 Jahre Israel. Wilhelm Heyne Verlag GmbH & Co. KG, München 1998

http://www.faz.net/aktuell/politik/ausland/einigung-mit-iran-zusammenfassung-des-atomabkommens-13702441.html

Spiegel Geschichte 2 2015

https://politisches.blog-net.ch/2015/12/02/die-luegen-des-saeb-erekat-wie-palaestinensische-propaganda-die-wahrheit-verdreht-und-die-friedensbemuehungen-untergraebt/
Tuvia Tenenbom: *Allein unter Amerikanern*. Suhrkamp Verlag, Berlin 2016

http://www.ns-archiv.de/verfolgung/antisemitismus/mufti/in_berlin.php

http://de.rbth.com/politik/2016/07/25/vom-feind-zumfreund-russland-und-israel-nach-25-jahren_614925

3. Wirtschaften im Vergleich

Karmon, Yehuda: *Israel: eine geographische Landeskunde*. Wissenschaftliche Buchgesellschaft, Darmstadt 1983

https://www.liportal.de/palaestinensische-gebiete/wirtschaft-entwicklung/

Informationsheft „Israel – inspirierende Innovationen" der Botschaft des Staates Israel in Deutschland

4. Die UN – Ein Freund des Friedens?

http://echo.msk.ru/programs/code/959116-echo/
https://documents-dds-

ny.un.org/doc/RESOLUTION/GEN/NR0/000/92/IMG/N R000092.pdf?OpenElement

http://www.sueddeutsche.de/news/politik/konflikte-die-un-resolution-2334-gegen-israels-siedlungspolitik-dpa.urn-newsml-dpa-com-20090101-161225-99-657673

http://cicero.de/siedlungsbau-im-westjordanland-pro-israels-siedlungsbau/56556

https://www.israelnetz.com/politik-wirtschaft/politik/2017/03/16/un-kommission-fordertisraelboykott/

http://www.un.org/depts/german/gs_sonst/unispal_flyer.p
df

http://www.israel-nachrichten.org/archive/27135

http://www.spiegel.de/politik/ausland/gefechte-im-gaza-
streifen-uno-fordert-israel-auf-zivilisten-zu-schonen-a-
300525.html

https://www.gehalt.de/einkommen/un-
sicherheitsbeauftragter/1290756

5. Die deutschen Medien und der Antisemitismus

Der Spiegel Ausgabe 9/2015

http://www.zeit.de/politik/ausland/2015-10/palaestina-
neue-generation-widerstand-intifada

http://www.spiegel.de/politik/ausland/jakob-augstein-
ueber-israels-gaza-offensive-gesetz-der-rache-a-
868015.html

http://www.sueddeutsche.de/kultur/jakob-augstein-auf-
antisemiten-liste-ausweitung-der-kampfzone-1.1565581

https://www.zdf.de/nachrichten/heute-plus/erzogen-zum-
hass-102.html

www.israelheute.com/Shop/Item/tabid/61/productId/6562/Default.aspx

www.tivi.de/mediathek/logo-886354/gefaehrlicher-schulweg-im-westjordanland-27-13714/

https://demokratischrechts.wordpress.com/category/karikatur-der-woche

Danksagung

Ich möchte mich bei Allen bedanken, die mir geholfen
haben, dieses Buch zu schreiben, das sind:

Meine Familie, die mir wertvolle Ratschläge gegeben
hat, ganz besonderen Dank an meinen Stiefvater
Alexander Kloß, der mich mit vielen Büchern und
Informationen versorgt hat.

Ilja Freifeld, der mich auf neue Ideen zum Thema
Wirtschaft gebracht hat.

Meine Freunde, die mir neue Themen vorschlugen und
mit denen ich über dieses Thema oft diskutiert habe und
dadurch eine differenziertere Sichtweise bekommen
habe.

Die Interviewten, Laurin und Herr Dr. Staib, die mir mit
ihren Antworten viele aufschlussreiche Informationen
gegeben haben.

Bilder (Cover):
http://www.ojm.at/blog/2011/12/12/verzettelt-in-jerusalem/#
https://upload.wikimedia.org/wikipedia/commons/thumb/8/8f/Emble
m_of_Israel.svg/485px-Emblem_of_Israel.svg.png
https://israswiss.files.wordpress.com/2013/10/f-35.jpg
http://www.jr-bilder.de/pics/051000/051143.jpg
http://4.bp.blogspot.com/-
JECsNdyE_oI/UfROhk0KLVI/AAAAAAAAJJc/Pb04b5Xz_vU/s16
00/Israel+flag+3D-HD+30.png